黑龙江省大小兴安岭林区林产工业低碳经济发展模式研究

李 英 王新宇 著

中国林业出版社

图书在版编目（CIP）数据

黑龙江省大小兴安岭林区林产工业低碳经济发展模式研究／李英，王新宇著.
—北京：中国林业出版社，2013.3
ISBN 978-7-5038-7003-3

Ⅰ.①黑… Ⅱ.①李… ②王… Ⅲ.①林产工业－经济发展模式－研究－黑龙
江省 Ⅳ.①F426.88

中国版本图书馆 CIP 数据核字（2013）第 059833 号

出版 中国林业出版社（100009 北京西城区刘海胡同 7 号）
网址 lycb. forestry. gov. cn
E-mail forestbook@163. com **电话** 010-83222880
发行 中国林业出版社
印刷 北京北林印刷厂
版次 2013 年 3 月第 1 版
印次 2013 年 3 月第 1 次
开本 880mm×1230mm 1/32
印张 4.75
字数 146 千字
印数 1~1000 册
定价 40.00 元

前　言

目前，低碳经济发展模式作为一种新的发展方式，正在国内外兴起，而林业是发展低碳经济的重要力量。林产工业是以木材资源及其剩余物为主的林产品加工业，属于资源约束型和资源再生型产业，是现代材料工业的重要支柱产业，也是目前国家政策大力支持发展的产业。同时，由于林产工业具有劳动力密集和良好的吸纳就业功能的特点，因此，林产工业作为林业产业的支柱，在林区经济发展中处于十分重要的地位，其低碳经济发展模式将直接影响林业产业的可持续发展。

本书在分析林产工业及低碳经济方面的国内外研究文献的基础上，采用了问卷调查、走访座谈、统计分析等研究方法，大小兴安岭林区有关林产工业处进行了协助调查工作。本书的研究内容为黑龙江省大小兴安岭林区开展林产工业产业规划、调整产业结构布局提供科学依据，也有助于进一步丰富我国低碳经济政策体系，推动该地区经济发展向低碳经济的转型。本书的研究内容主要包括以下五部分：

（1）黑龙江省大小兴安岭林区林产工业发展现状分析。在介绍大小兴安岭林区总体现状和林产工业主要产品构成的基础上，全面分析黑龙江省大兴安岭林区和伊春林管局以及小兴安岭其他森工林业局的林产工业指标，总结大小兴安岭林区林产工业发展呈现的特点，指出林产工业存在的问题。

（2）从宏观层面开展林产工业发展的环境影响因素分析。在阐述低碳经济发展理论的基础上，介绍锯材、人造板、纸浆和造纸等行业的能耗情况，从宏观层面分析有关林产工业产品国际贸易、国际法规、甲醛释放标准等国际环境影响因素和国内木质复合材料甲醛释放标准、国家林产工业发展规划、木材交易市场等国内环境影响因素。

（3）从微观层面开展林产工业低碳经济发展的影响因素分析。通过在大小兴安岭林区开展企业管理者和企业发展问卷调查，运用 SAS 软件对影响低碳经济发展的企业发展价值取向和组织方式包括的各种因素进行关联性分析，确定具有显著性影响的因素。

(4)林产工业企业低碳经济发展模式形成分析及 Logistic 选择模型构建。首先分析人造板、家具、木地板、木制工艺品等林产工业主要行业的组织方式特点，然后运用对应分析的方法分析林产工业低碳经济发展的早期、中期和后期阶段的主导发展模式，最后构建的选择模型能够通过几个已知变量来预测低碳经济发展模式的类型，探寻低碳经济类型企业的发展轨迹、特征和发展瓶颈。

(5)构建林产工业低碳循环经济生态产业链和相应的政策保障体系。在分析基于低碳循环经济的产业集群生态产业链理论框架的基础上，构建林产工业低碳循环经济生态产业链，提出促进黑龙江省大小兴安岭林区林产工业低碳经济发展的低碳财政政策、低碳金融政策、低碳产业政策、低碳技术政策以及具体的政策建议。

本书的完成承蒙中央高校基本科研业务费专项资金(DL12EC01)、黑龙江省社会科学重大决策咨询项目(11G001)的资助。本书的研究和写作离不开龙江森工集团林产工业局、伊春林业局林产工业处以及大兴安岭林业集团公司林产工业处的协助调查，正是他们在调查中的求实、认真的态度才使研究获得有效的基础数据，从而保证了分析工作的质量，在此表示由衷的谢意！书中的5.2节和6.3至6.8节分别由课题组成员陈向华老师和李微老师协助完成，对她们的辛勤付出表示诚挚的谢意！

本书涉及企业发展价值取向的判定、低碳经济发展模式识别，尚需要根据林产工业不同行业特点，在系统地设计调查方案的基础上，深入林区开展更为细致的访谈和调研工作，从而有利于提出更有针对性的低碳经济发展对策，探索跨区域的林产工业低碳循环经济的发展轨道。在统计分析方法上，还需要进一步诊断样本数据中的例外数据点和对确定模型影响特别大的数据点。此外，在对问卷数据的信度和效度分析方面存在一定的不足。同时，企业调查问卷发放数量和普及性还不够，在以后的研究中还有待于深入开展。

著 者

2012 年 12 月 26 日

目　录

绪　论

1.1　研究背景和意义

1.1.1　研究背景

　　发展基于化石能源高效清洁利用和开发可再生能源基础之上的低碳经济是未来社会的基本走向。发展低碳经济是一场涉及生产模式、生活方式、消费观念和国家权益的全球性革命。大小兴安岭林区作为中国北方重要的生态屏障，在国家生态建设全局中具有特殊重要地位。由于多年的高强度采伐，大小兴安岭森林资源破坏严重，采伐抚育失调，亟须转变林区发展方式，探索一条在保护中发展、在发展中保护的林区可持续发展之路。国家级区域性战略规划——《大小兴安岭林区生态保护与经济转型规划》于2010年底正式出台，标志着大小兴安岭林区成为我国首个获正式批复的国家级低碳经济示范区。大小兴安岭林区是我国面积最大、国有林最集中、生态地位最重要的森林生态功能林区。在大小兴安岭林区的50个县（市、旗、区）中，黑龙江省占39个县（市、区），因此，黑龙江省大小兴安岭林区的低碳经济发展模式能够在很大程度上保障北部国土生态安全。

　　2011年8月黑龙江省人民政府发布《关于实施大小兴安岭林区生态保护与经济转型规划（2010~2020年）的若干意见》，提出的总体发展思路是大力培育林区"造血功能"，以生态主导型经济为主攻方向，积极培育和发展与资源环境相适应的接续和替代产业，坚持林中经济林区发展、工业经济林外发展，以发展产业项目增强林区经济内生动力。有关产业方面的主要目标是到 2020 年，黑龙江大小兴安岭林区的一、二、三产业结构由 39∶26∶35 调整到 20∶42∶38。非传统木材生产增加值占生产总值的比重由 50% 提高到 80%。

低碳经济作为一种新的发展方式，正在国内外兴起，而林业是发展低碳经济的重要力量。林区以生态立区、以产业强区，而林产工业作为林业产业的支柱，其低碳经济发展模式直接影响林业产业的发展。

1.1.2 研究意义

本书的研究意义包括以下几个方面：

(1) 本书通过探寻黑龙江省大小兴安岭林区低碳经济类型的林产工业企业的发展轨迹和特征以及相应的配套政策，有助于更多的林产工业企业走上低碳经济发展轨道，从而促进该地区林业产业升级。目前，黑龙江省政府提出将大小兴安岭林区建设成为生态体系完备、产业体系发达的现代化新型林区，而发达的林业产业体系是建立在低污染低能耗的林产工业基础上。林产工业的造纸业、林产化工业、人造板业等行业在生产过程中具有一定的环境污染性，因此，亟须在黑龙江省大小兴安岭林区开展林产工业低碳经济发展模式研究，以此来推动该地区经济发展向低碳经济的转型。

(2) 本书通过分析黑龙江省大小兴安岭林区林产工业低碳经济发展模式的形成条件和构建选择模型，有助于该地区林产工业企业选择适合自身特点的低碳经济发展模式，同时，为该地区的产业规划、产业结构布局提供科学依据。低碳经济发展模式受不同区域禀赋结构、产业结构和经济发展水平阶段性的影响，在不同区域之间要采取统一的低碳经济发展模式是不现实的。本书探寻适合大小兴安岭林区特点的林产工业低碳经济发展模式，有助于保障该地区不以减缓地区经济增长为代价来实现国家生态安全的目标，也有利于发挥林区的比较优势，实现各区域资源的合理有效配置。

(3) 本书通过构建黑龙江省大小兴安岭林区林产工业低碳经济发展

的政策保障体系，有助于进一步丰富我国低碳经济政策体系。从总体上看，我国低碳经济尚处于起步阶段，没有建构系统的低碳政策体系，也没有专门以低碳发展为目标的政策工具选择。本书为保障黑龙江省大小兴安岭林区林产工业低碳经济的顺利发展，拟构建环境税收政策、低碳金融政策、低碳技术政策和低碳产业政策等。

1.2 国内研究总体现状及评述

林产工业低碳经济发展模式不仅涉及林产工业、低碳经济发展模式及相关政策的内容，而且涉及产业集群、循环经济、生态产业链等理论和方法。

1.2.1 林产工业的研究现状评述

林产工业是以木材资源为主的林产品加工业，在整个国民经济发展中处于十分重要的地位，也是国家政策大力支持发展的产业。钱小瑜(2009)分析我国林产工业现状和为应对金融危机所采取的有效措施，预测木材加工业未来发展趋势。苏洪泽(2009)分析林产工业在我国经济社会发展中的重要地位和作用，提出加快林产工业发展的思路。张旭青(2010)分析全国人造板生产布局变迁的原因，研究结果表明，森林资源、市场需求、经济体制变革和技术进步具有显著作用。

1.2.2 低碳经济及对林业产业影响的研究现状评述

中国已经在发展经济方面取得了显著的成就，每年都以超过过去20年前10%的GDP增长速度在持续发展。同时，能源消费与二氧化碳排放量几乎每五年翻一倍，致使中国在2007年就成为世界上二氧化碳排放量最多的国家。作为回应，中国政府提出了到2020年减少40%~45%的碳排放量目标。为了更好地理解这一政策潜在的成功或失败之处，对不同的影响因素进行评价十分必要，这些影响因素包括人口、生活方式以及与二氧化碳排放有关的技术。自从 18 世纪 70 年代以来，人们富裕程度的提高已经成为二氧化碳排放增加的主要驱动力，这超过了技术改进促使二氧化碳排放量减少的份额。与此同时，人口增长对于二氧化碳排放量增加的贡献相对较少，我们也发现城市与农村家庭在改变生活方式和消费模式的过程中对二氧化碳排放量的影响存在着巨大差别。在中国城市，人们的生活方式开始朝着类似于西方人的生活方式发展，二氧化碳排放水平几乎接近西方的排放水平。因此，除了明显的生产技术的低效率以外，在改善消费尤其是在目前的基础设施投资和将来的消费结构之间相互关系方面仍然存在改进的空间（Klaus Hubacek 等，2012）。

低碳经济以低能耗、低排放、低污染为基本特征，实质在于提升能源的高效利用、促进产品低碳开发和维持全球生态平衡（冯之浚等，2010）。袁富华（2010）认为，在低碳经济约束下，为了保持经济的持续稳定增长，技术进步和结构转型至关重要。田明华等（2010）分析了低碳经济发展对林业的影响。江泽慧（2010）阐述了我国林业所面临的重要低碳发展机遇，认为建设低碳林业是我国解决"三农"问题的重要途径。

1.2.3 有关低碳经济发展模式及政策研究现状评述

低碳经济的发展模式，即运用低碳经济理论组织经济活动，用低碳技术改造生产方式，从而实现经济发展的低碳化。张玓等（2011）认为通过发挥资金、技术、信息三大平台作用，形成低碳经济发展共生网络。刘鸿渊等（2011）提出了以中央政府为主导，区域之间以碳交易为基础的低碳经济发展模式。罗友花（2011）认为中国低碳经济发展应不断创新，形成中国独特的低碳经济发展模式。当前生态工业园作为低碳经济园区的最重要的实现形式，在研究方面存在两个问题：一是缺少对现状的定量分析和评价；二是现有评价指标体系不够全面，缺乏生态评价（程会强等，2010）。王永龙（2010）从有效政策设计角度，梳理发达国家的低碳发展政策，对比分析我国当前存在的问题，提出我国低碳经济发展的政策创新及其对策。

所构建的政策体系既要符合低碳经济指南，又要兼顾行政手段及"绿色"财税政策；在产业、区域层面的政策制定中，探寻许可证交易、生态工业园规划、自愿协议、资源合同管理等管理手段的可行性和约束条件；对林产工业中的高污染行业—造纸业拟推行"总量分配—绩效考评—排污权交易"相结合的新机制；在微观层面，拟推广两部收费制、标签计划、碳基金融资等政策工具，重点解决低碳经济类型企业的资金和市场问题。

1.2.4 与低碳经济相关的研究现状评述

国内外学者对产业集群进行了广泛的研究，对生态产业链也开展了初步的理论与应用研究，但对如何将产业集群理论与循环经济理论结合起来构建产业集群生态产业链的方法还缺乏深入的研究。

崔兆杰等(2009)提出了生态位和关键种的理论，从生态产业链企业间的共生耦合角度出发，通过识别企业在生态产业链构建过程中的生态位因子以及关键种的确定方法，以此作为优化构建生态产业链的新方法。王向丽等(2008)以溧阳生态工业园为例，以循环经济理念为原理，从园区层次对溧阳生态工业园的生态产业链进行了初步规划设计。赵涛等(2009)对水泥工业生态产业链的构建进行可行性分析，通过主导产业链的构建、纵向产业链的拓展形成了网状耦合结构，最终构建了水泥工业的生态产业链，并以蒙西高新技术工业园区进行实证分析，确定了构建生态产业链的可行性。李红祥等(2008)基于关键种理论确定了孝义关键产业为炼焦行业，并构建了孝义的生态产业链。王玉灵等(2009)通过传统产业链与生态产业链的对比分析，提炼出生态产业链的构建原则，并以曹妃甸工业区的海水综合利用为例，说明了上述原则在生态产业链构建中的应用方法和价值。虽然不少学者对生态产业链的构建都做了大量的研究，但是对生态产业链构建以后的效益的定量评价很少，关于生态产业链可持续发展评价的研究也很少。熊鸿斌等(2011)构建了生态产业链可持续发展的评价指标体系，对生态产业链构建后的效益进行了定量的评价。

1.3 国外研究总体现状及评述

1.3.1 低碳经济发展模式及政策研究现状评述

低碳经济的理念及其发展模式主要是由欧美发达国家倡导和推动的，这些国家不仅技术领先，而且其产业化发展时间较长，制度建设比较完善，低碳经济发展具有一定的先发优势。根据各国当前低碳经济发展战略重点和措施不同，可以归纳为以下几种基本模式：一是通过加强低碳技术创新来改造传统高碳产业；二是积极发展可再生能源与新型清洁能源；三是发挥企业的中坚力量作用，通过各项政策法规，从整体上实现节能减排。

从政策工具来看，发达国家为实现其低碳经济战略目标，设计了各种有效的低碳政策工具，充分利用市场机制，尽可能调动微观经济主体的积极性，充分发挥政府制定规则和弥补市场失灵的作用。例如，Blyth 等（2009）对碳市场中不同能源结构和政策情景下的减排成本进行定量分析；Peace 等（2009）则强调，设计良好的碳市场是降低成本和刺激技术创新的主要因素。Alphen 等（2009）强调企业、市场绩效、资源流动性、监管、立法等方面的政策导向。Alphen 等（2010）对美国近十年来 CCS 技术的进展和政策措施做出评价。

Erlend Nybakk 等（2009）在《森林所有权人创新因素：一项关于经济林产品与服务部门的调查》一文中认为许多国家日益凸现的城市化趋势对广大农村地区的经济发展活力产生了一些负面的影响。为了维持农村地区的活力，这些地区的政府部门制定了多种旨在促进土地开发方式的创新和提高土地所有者的创新水平的政策。然而，关于土地所有者创新性的因变量研究以及在这种条件下的创新性是否对经济运行产生积极影响的研究还不多见，以挪威林地所有者及其非木材林产品与服务（生态系统服务）为例，主要研究了上述因变量对林业经营者创新性的影响。提出了一个概念化的模型，假设社会网络、创业氛围和学习导向都对林地所有者的创新性产生直接的、正面的影响，同时林地所有者的创新性对经济运行也产生直接的、正面的影响。将资产规模作为一个调节变量，通过邮寄调查法收集数据，共获得 683 份有效反馈，达到了 35% 的修正反馈率。林地所有者的创新性对经济发展产生积极的影响。这一结论可以为政策制定者、土地所有者以及进一步研究提供参考。

Bill Slee(2009)《在发展低碳农村经济过程中森林资源多功能可持续发展构想》中提出通过发挥森林资源潜力，促进农村经济发展的构想。认为森林对农村经济发展的贡献应当从以产品为中心向为整个森林生态系统提供服务转变。这就需要林业部门采取有效措施，制定相关政策以提高森林价值。因此，需要制定相关政策，让森林所有者有更多的回报，以利于进一步做好关键性的生态系统服务，同时，地区创新系统的建立可以为林业和农村发展增加价值。在应对全球气候变化的过程中，森林可以提供可持续发展的能源和可持续产品与服务，尽管如此，林业仍然存在一定的发展空间。林业部门目前面临着诸多困难，在干旱地区表现得尤为突出，如果在干旱地区存在森林资源管理水平低下的问题，将导致森林火灾与病虫害的发生，这些都是林业管理部门需要迫切解决的问题。在更多温带海洋气候地区，在提供产品和服务设施的森林管理体制的方面，林业管理部门却很难进行多种角色的转化。然而，林业管理部门在迎合气候变化以及创造新价值方面重新配置森林资源，在低碳领域有所突破，仍然存在一定的发展空间。

Sudipta Dasmohapatra 在《林业产品工业未来市场动力》中认为林产工业产品在北美将丧失许多国内市场份额。最近，在经济放缓的形势下，在降低生产成本的压力下，许多工厂倒闭，工人失业。人们会有这样的疑问，森林产品工业是否能在这样的低谷时期幸存下来？究竟采取哪些措施能够推动森林产品工业向前发展？为此，应拓宽思路超越国内消费市场，放眼全球市场，针对消费者的特点，满足不断变化的消费需求，按照市场需求开发产品。开发、销售产品时应树立环境意识，做好产品创新，有效进行供应链管理，依照贸易惯例，制定相应的林业产业政策，必将成为未来新时期林业产品工业发展的新的市场动力。

Derek W. Thompson 等在《从森林产品的视角看绿色产品与环境认证》中认为开发环保产品是为了吸引更多具有环保意识的消费者。在森林产品工业部门，运用数据研究检验是否人口统计学或心理学特征与人们的环境保护意识之间存在着联系。研究结果表明获得认证或具有生态标签的森林产品将吸引一部分具有环境意识的消费者。具有价值增值产品（如家具）和没有价值增值产品（如胶合板）同样能够吸引具有环保意识的消费者。因此，有必要支持开发环保产品以迎合具有环保意识的消费者的需要，进而形成"绿色细分市场"。通过使消费者对环境认证的森林产品产生强烈偏好，从而愿意为认证产品多支付价款，通过倡导提高环境意识，采取保护环境的措施，从而使绿色消费者的购买行为真正为环境的改善发挥作用。

1.3.2　木材生产及生物质能源研究现状评述

Alexander 等（2011）在《森林生物质对欧盟目标及欧盟森林工业的潜在贡献的经济分析》中通过全球森林区模型 EFI – GTM 分析，得出当木材的价格上涨时，木材进口的数量和木材在存在竞争关系的工业用户如木材加工企业或造纸、纸浆生产企业之间进行再分配的总数量也在不断增加的结论。从林产工业到能源部门的林木的数量按能源计算至多达到 20Mtoe（百万吨油当量），假定每立方米木材的价格是 100 英镑，仍将只占欧盟 2020 年目标的 8% 左右，甚至占 2030 年更低的份额。由于如木浆和木板生产企业等许多森林工业部门将大约减产 20%~25%，因此在不久的将来，超额采伐将可能是生物能源的重要来源，但是森林资源的利用潜力仍不高。然而，到了 2030 年，森林资源利用预计将增长，可能成为额外的生物潜能利用的限制因素。假定相对较高的经济增长持续下去，对于林业产品的需求也将大幅提升，那么有可能木材生物质能源的原材料供应将最终被限制在原木剩余物上。

Dale Prest 等（2009）在《以社区为基础的生物质能源项目在加拿大新斯科细亚省小规模发展潜力分析》一文中指出，当地人们逐渐注意到大规模生物质设施的适应性和可持续性，通过对世界各地的发电量从 7 千瓦到 14.7 百万瓦的小规模生物质设施的考察发现，分散式发电模式能够有效支持新斯科细亚省的再生能源战略，并为该省的农村地区提供一系列社会、经济利益。新斯科细亚省推荐促进小规模分散式发电模式如下：

(1)建立一个全省范围的电价补贴以帮助促进投资；

(2)鼓励社区投资基金投入到生产准备环节；

(3)确保利用结合的能源(电的和热的)效率大于80%。

利用森林生物质进行发电为新斯科细亚省的农村带来了发展机遇，然而，不可持续的燃料资源管理具有重要意义，必须制定公共政策加以引导。

Denilson da Silva 等(2009)从技术层面对森林生物质在生物燃料生产过程中的储存条件进行分析。K. E. Skog 等(2011)在《森林生物量的可持续性和可用性》中对林业可持续发展所需要的关于森林生物质潜在供给的信息综合分析。可持续性包括水土保持、生物多样性以及碳存储量、提供木材产品、社区发展和休闲娱乐。森林生物质的移除可以减少火灾以及病虫害风险，恢复森林的成分及结构，保证林木的生长，为休闲娱乐和社区建设提供资金，并且能够减少温室气体的排放。生物界限随着森林条件、所有权以及革新的标准变化而变化。生物的界限可以保持水的供应、土壤的养分以及生物多样化。因为移除的成本可能超过收入，所以存在经济界限。联邦与国家的立法制定了社会目标和界限。这些包括一项生物质来源限制下的联邦纤维素燃料目标、国家水准的一揽子再生能源标准以及国家水准的林业实施指南。对生物以及经济的局限与利益的理解是不断发展的，尤其是在地方层面。社会目标及其局限性可能发生变化。矿物燃料价格的上涨将促使人们努力加深对生物界限的理解，导致社会经济目标的改变。

1.3.3 林产工业价值链及供应链研究现状评述

Linda S. Heath 等(2010)在《美国林产品工业温室气体与碳排放价值链问题探讨》中指出，1990~2005年期间，价值链理论在美国森林产品工业得到应用，通过测量净二氧化碳气体的改变量，计算出温室气体和碳排放量，通过数据分析，运用各种方法，其他温室气体的含量也能被测量出来。主要的温室气体排放源包括直接或间接(从购置的发电设备)从制造工厂排放物以及从填埋废弃物的陆地中排放出的甲烷。为工业提供木材的森林中碳的存量被发现是稳定的或日益增长的。碳每年从大气中被移除的数量在增加，存储在森林产品中的碳抵消了大约总价值链碳排放量的一半。在 1990 年和 2005 年，尽管纯碳排放量不同，然而并不像统计意义上那么重要。在 2005 年，净排放量更高的主要原因是存储在森林产品中的碳增加量在减少。在同一时期，与能源相关的生产性排放量减少了将近 9%，尽管森林产品产出将近增加了 15%。几种可以避免的排放物被认为是相对分离的，它们共同对净排放量产生了显著的影响。

Roger Sathre 等（2009）在《基于过程的林产品工业附加价值分析》中指出林产品工业目前发展的战略目标是生产具有更高附加值的产品。附加价值被定义为物质生产过程中输出价值与输入价值之间的差额。附加价值通常从公司或国家经济水平的层面进行分析。在这项研究中，采用定量的方法识别并讨论工业生产过程附加价值问题。利用倒推的方法估计森林加工过程的附加价值的实现。在瑞典林产品工业部门计算 14 个传统和新兴产业加工过程的附加值，使用各种指标计算衡量附加价值。计算结果表明，生物质的输入影响潜在附加价值的形成，如锯材原木可能产生更大的附加价值，而且对输入价格的波动没有纸浆用木材和木料剩余物敏感。结构化的林木产品如木材和胶合板材可能产生非常大的价值增值。利用单一原材料进行多种产品的联合生产将会增加产品的总价值。通过整合纸浆与纸制品的价值链，极大地提高纸浆用木材的价值。木料剩余物经过多重转化之后，成为燃料，这一过程将形成一系列潜在的附加价值。鉴于人们使用林业产品能够改善气候条件，建议通过征收烟尘排放税来提高产品的附加价值。

Roger Sathre 等（2009）在《使用木材产品减缓气候变化：外部成本与产品结构化改变》中认为可以将使用林木产品作为缓和气候状况的一种手段。林木产品的生命周期包括林木的生长，木材的收获与加工，产品的使用与处置，集中体现在木材作为原料和燃料的多种功能上。与钢筋混凝土结构相比，使用木材作为建筑材料能够节省能源，而且可以极大地减少碳排放量。在不征收环境税的情况下比较两种建筑方法的成本，在当前的瑞典工业征收能源税的体制下，结合包括碳排放在内的全部社会成本进行估算。结果表明，由于存在与气候相关的外部成本，同混凝土建筑相比，使用木材作为建筑材料具有较好的经济性。进而得出结论：政策工具可以使外部碳排放的成本内部化，在利用产品的结构方面，应该鼓励向增加使用可持续利用的林木产品方向转化。

Mikael Rönnqvist 等(2012)的《瑞典森林工业部门的供应链管理》分为四个部分。第一部分是概述及其在森林工业中的应用。第二至第四部分分别叙述了瑞典森林工业中供应链管理在三个领域即：协作物流，暴风雨后的物流以及森林生物质物流的应用。纸浆和造纸工业依靠长期的、整合的供应链。森林产品以树的形式开始，以人们日常生活中使用的多种产品结束。从第一步生产到最后一步订货、交货的持续时间较长，期间包括许多步骤，由多个公司和组织经营完成。从整体上阐述了有关供应链问题，包括供应链的参与者以及供应链的计划问题。在供应链模型中，将计划问题分为战略、战术和操作三个层面。描述了它们的特征并且结合实例加以阐述。讨论计划制定者在每一地区将提供的信息作为决策支持的依据。这不但涉及公司内的计划，同时也涉及整合后的计划。其中，运输计划是供应链或木材流通链的一个重要组成部分，经常有许多林木公司在相同的区域从事生产经营活动，公司之间很少进行协作。然而，增加公司之间的协作将节约 5%~15% 左右的成本。在实施协作计划之前，一个关键性的问题是在各参与者之中，节约的成本应该如何分配。研究了瑞典南部参与协作计划的八家林产工业企业。对沙普利值、核心成本、可变成本、不可变成本、影子价格等经济指标进行分配机制的研究。

Sophine D'Amours 等(2012)在《加拿大林业部门价值链的优化》中认为加拿大森林价值网络是受社会经济、技术和环境因素影响的复杂适应性系统。从时间和空间两个维度阐述资源需要一百年才能再生，并且通常广泛分布。它们由许多单位组成，而这些单位又与三个子网紧密相联：资源网、生产配送网、再生网。资源网负责管理林木，同时向工厂运送木材。生产配送网将林木转换为产品或服务。然后，将产品销售并配送到市场上。再生网将剩余物循环利用、翻新作为生物能源或将其处置掉。加拿大森林价值网络的所有权可以由公共组织与私人组织(公司)共同分享。各单位之间的联系因州立法和企业经营模式的不同而不同。主营业务是纸浆与纸(例如新闻印刷、高级纸张，纸巾和包装材料），木制品（例如：木料，仪表盘、工程用建筑或外观装饰木制品）以及能源开发（例如绿色生物质能、芯块、生物气体）。

Woodam Chung 等（2012）在《美国西部地区提高木质生物质供应链效率的最新研究》中认为可再生能源资源的可持续利用，如木质生物质能，能够大大缓和气候变化对整个世界的影响。首先阐述美国能源产品的现状和可持续能源的政策，然后讨论美国西部以木质生物质能生产能源产品的供应链与物流管理的关键组成部分以及存在的问题。着重强调改善利用木质生物质能的成本效率及可行性，由美国联邦政府资助的木质生物质能项目，还包括木质生物质能进料的供应链改进的一般性研究方法和趋势。

Katsuhiko Takata 等（2012）在《当地社会视角下的日本林业部门供应链管理研究》中认为地方森林与木材工业最重要的作用之一是搞活地方经济。然而，森林工业与木材工业在相当长时期内处于对立的状态。从本质上讲，它们本应是很好的贸易伙伴，在超越过去的困境中尽力建立新的关系。森林工业与木制品工业充分合作，形成新的行业——"森林工业"。这将为当地居民提供就业岗位。森林工业供应链管理优化是发展森林工业的重要手段。着重讨论四个问题：①可再生森林资源的可持续的利用；②木制品工业与森林产品供求的定量匹配性；③"生产产品"与"进入市场"的营销阶段的平衡；④通过优化供应链管理建立一个新型环境友好型森林工业。

Nobuyoshi Muto 等（2012）在《从最终用户及咨询者的视角分析林业部门的供应链》中认为地方工业和经济研究机构的任务是：①实现当地GDP 和就业率的增长；②建立自治的、可持续的经营主体；③建立共生的环保产业；④通过农村与城市的互动，提高每个公民的生活质量。为实现上述任务，地方工业和经济研究机构需掌握两类资源：第一，以实践为基础的分析评估能力；第二，依托工业与学术领域的广阔的人际网络。完成地方工业和经济研究机构任务的方法有：发掘当地有形和无形的商业化资源，利用当地已开发资源大力发展具有全球竞争力的产品与服务。为了完成这些任务，可以采取以下应对措施。首先，简化与某种产品或服务相关的供应链的每个组成部分并使之工业化、统一化。其次，将日本工业技术的精髓应用到产业供应链的各个组成部分中去。最后，加强产品和服务的设计竞争力。基于以上观点，地方工业和经济研究机构已经在努力尝试重建本国林业、农业和渔业。

目前，在现有的文献中未见有林产工业低碳经济发展模式方面的系统研究。

1.4 研究方法及主要内容

1.4.1 研究方法

本书以大小兴安岭林区生态保护与经济转型规划（2010～2020 年）和黑龙江省大小兴安岭林区林产工业经济的异质性为研究背景，运用产业生态学和区域经济学理论，根据已有的低碳经济发展模式成果进行问卷调查方案设计，通过该地区林产工业管理处的协助开展问卷调查和访谈工作，利用 SAS9.0 统计分析软件对调查数据进行总体分析、关联分析和选择模型研究，探寻黑龙江省大小兴安岭林区林产工业发展关键影响因素和低碳经济类型企业的发展轨迹和特征，归纳每一种低碳经济发展模式的形成过程。

（1）文献分析法。查阅期刊网、国研网、政府信息网等刊登的文献资料和统计年鉴，获得权威性资料，从而了解黑龙江省大小兴安岭林区林产工业发展现状、存在的问题及解决措施。

（2）实地调查法。通过实地调查获得第一手数据资料。在黑龙江省大小兴安岭林区林产工业企业开展问卷调查，根据调查对象的不同，分别设计林产工业企业调查问卷和林产工业企业管理者调查问卷，然后对有规模企业进行访谈和调查。

（3）定量分析法。首先使用 Excel 软件录入调查问卷的原始数据，然后利用 SAS 软件直接将数据导入形成 SAS 数据集，最后对 SAS 数据集进行描述性统计分析、林产工业低碳经济发展的影响因素关联性分析和 Logistic 回归分析。

1.4.2 研究思路及内容

本书的研究是在对黑龙江省大小兴安岭林区林产工业企业调查分析的基础上开展的，共分为六部分，主要内容如下：

1.4.2.1 黑龙江省大小兴安岭林区林产工业发展现状分析

（1）开展黑龙江省大小兴安岭林区林产工业发展现状调查。本书以人造板业、木地板业和木制工艺品等行业为主，通过走访该地区企业和林产工业处，收集林产工业相关数据资料；采用分层抽样方法，深入到林产工业园区和企业开展问卷调查，进一步掌握企业发展价值取向、组织形式、政策的激励约束作用、低碳技术应用、能耗、污染排放等情况。

（2）开展黑龙江省大小兴安岭林区林产工业发展的影响因素分析，包括国际和国内宏观环境因素以及问卷调查的微观影响因素分析。首先利用 SAS 统计分析软件对调查问卷数据进行关联性分析，找出影响黑龙江省大小兴安岭林区林产工业发展的显著性影响因素，从而获得具有较高独立性的林产工业低碳经济评价指标。

1.4.2.2 黑龙江省大小兴安岭林区林产工业低碳经济发展模式分析及选择模型构建

（1）黑龙江省大小兴安岭林区林产工业低碳经济发展模式分析。针对低碳经济类型企业的特征来判别其属于哪一种低碳经济发展模式。低碳经济发展模式主要有：技术带动型、项目带动型、资本推动型、企业带动型、政府推动型、消费引导型等模式，涉及企业发展价值取向（包括对实现低碳经济的态度和认知取向等）、组织形式（包括技术形式和现有组织状况等）、激励约束机制和发展手段与工具（包括政府所采取的经济手段、行政手段和法律手段等）四个方面的要素，根据这些要素的具备情况、节能减排方式以及低碳发展绩效来判别黑龙江省大小兴安岭林区林产工业低碳经济发展模式，并对每一种低碳经济发展模式进行对应分析，确定每一种林产工业低碳经济发展模式的形成条件。进一步探讨形成条件，以此减少内部竞争性，增加区域间协调性。

（2）黑龙江省大小兴安岭林区林产工业低碳经济发展模式选择模型构建。低碳经济发展模式不是连续变化的变量，只取有限个值来表示模式的种类，因此需要一个有选择性质的离散模型，本书拟采用最为广泛应用的离散选择模型即 Logistic 回归模型。由于林产工业低碳经济发展模式的选择不仅取决于企业自身特点，而且还依赖于行业特征和所在区域环境特征，因此需要构建多层 Logistic 回归模型。

1.4.2.3 保障黑龙江省大小兴安岭林区林产工业低碳经济发展的政策体系构建

为了保障黑龙江省大小兴安岭林区林产工业低碳经济的顺利发展，本书针对主要的低碳经济发展模式分析结果和跨区域低碳经济发展模式即生态产业链的构建，从以下几个方面构建政策体系：

（1）环境税收和低碳金融方面的政策体系构建。环境税收政策包括环境税、生态税以及对于低碳发展、循环发展的税收优惠政策等；低碳金融政策包括低碳项目投融资以及对于涉及环境、生态、能源改进的低息融资等政策。

（2）低碳技术和低碳产业方面的政策体系构建。低碳技术政策包括碳减排技术研发、应用和转让政策、碳封存技术政策、低碳技术标准等；低碳产业政策包括鼓励低碳产品生产、限制高碳产品生产与进口限制等政策。

2

黑龙江省大小兴安岭林区林产工业发展现状分析

　　2010 年年底，国家级区域性战略规划——《大小兴安岭林区生态保护与经济转型规划》(简称《规划》)正式出台，标志着大小兴安岭林区成为我国首个获正式批复的国家级低碳经济示范区，从以生产木材为主向以保护生态为主转变，也意味着大小兴安岭林区林产工业必须转向低碳经济发展模式。本章对黑龙江省大兴安岭林区和伊春林管局以及小兴安岭其他森工林业局的林产工业发展现状进行分析，总结林产工业发展特点和存在的问题。

2.1　黑龙江大小兴安岭林区总体现状

2.1.1　黑龙江大小兴安岭林区概况

2.1.1.1　大小兴安岭林区的生态作用

　　大小兴安岭林区是我国面积最大、纬度最高、国有林最集中、生态地位最重要的森林生态功能区和木材资源战略储备基地，在维护国家生态安全、应对气候变化、保障国家长远木材供给等方面具有不可替代的作用。同时，大小兴安岭是黑龙江省嫩江、松花江、黑龙江等水系及其主要支流的重要源头和水源涵养区，为中下游地区提供了工农业生产和生活用水，大大降低了旱涝灾害发生几率。是松嫩平原、三江平原抵御西伯利亚寒流侵袭的天然屏障,·对东北乃至对华北都起到重要的屏障作用。大小兴安岭具有森林、草原、湿地等多样的生态系统,适生着各类野生植物近千种、野生动物 300 多种,是我国保护生物多样性的重点地区,在国家生态保护总体战略中具有特殊地位。

2.1.1.2 黑龙江大小兴安岭林区的生态环境现状

60 年来,大小兴安岭林区累计生产木材 10.5 亿立方米,上缴利税 290 亿元,为国家经济建设做出了巨大贡献。长期的高强度开发大小兴安岭林区,导致该区域生态功能退化、可采林木资源锐减、经济社会发展滞缓等问题凸显。目前,该区域内森林质量明显下降,大小兴安岭可采成过熟林蓄积量由开发初期的 7.8 亿立方米下降到 2007 年的 6600 万立方米,森林龄组结构严重失衡,林区幼中龄林占 85%,单位面积蓄积量下降 50% 以上,致使森林涵养水源、净化空气、保持水土等生态功能严重下降。草地总量大幅减少,区域内草地面积由 1983 年普查的 296 万公顷减少至 2007 年的 116 万公顷,减少约 60%。湿地面积急剧萎缩,天然湿地面积由 1983 年普查的 284 万公顷减少至 2007 年的 139 万公顷,减少约 50%。土壤侵蚀加剧,水土流失严重,径流时间缩短,2007 年全区水土流失面积 193 万公顷,局部土壤沙化面积加大,区域内温度升高,旱涝、火灾等自然灾害频繁发生,土地生产能力明显降低。从总体上看,大小兴安岭生态功能区的生态处于相对脆弱状态,生态环境面临的形势相当严峻。

2.1.1.3 黑龙江大小兴安岭林区的经济及自然状况

黑龙江大小兴安岭林区主营收入的一半以上仍然来自木材销售,对木材的依存度依然很高,是典型的"木头财政",多数接续替代产业存在技术含量低、规模小、市场认同度低等问题,发展缓慢。随着区域内可采资源的逐步枯竭,传统林业经济逐渐萎缩,林区经济发展陷入困境,就业形势严峻,职工生活困难。2011 年以前的林业职工年平均收入不足黑龙江省城镇职工平均收入的 50%,近一年来,大兴安岭地区林业职工年平均收入已达到黑龙江省城镇职工平均收入。

2010 年黑龙江大小兴安岭林区共有 1487 万公顷森林,其中,国家级公益林、地方公益林和商品林面积分别为 613. 2 万公顷、657. 4 万公顷和 216. 4 万公顷。黑龙江省大小兴安岭森林生态功能区范围包括：伊春市市辖区、嘉荫县、铁力市、通河县、庆安县、绥棱县、呼玛县、塔河县、漠河县、加格达奇区、松岭区、新林区、呼中区、黑河市市区（爱辉区）、孙吴县、嫩江县、五大连池市、北安市、逊克县。区域总面积 18. 8 万平方公里，总人口 370. 5 万人。

2. 1. 1. 4　黑龙江大小兴安岭林区的木材产量调减状况

从 2011 年起，按照国家批准的"十二五"期间森林采伐限额和天然林资源保护工程（二期方案）确定的木材产量，《规划》核心区域的大兴安岭地区、伊春市、黑河市所属县（市、区）的地方国有林场和森工国有林区停止森林主伐，其他县（市、区）减少主伐产量，木材产量由 2009 年的 447 万立方米调减到 2011 年的 168 万立方米，调减幅度为 62. 4%（表 2-1）。建设国家级低碳经济示范区，就必须发展低碳产业、引进低碳技术，努力实现资源利用最大化、产业发展高端化、产品研发科技化，这是大小兴安岭林区破解生态建设与经济发展、资源保护与开发矛盾的突破口和实现林区可持续发展的最佳选择。

表 2-1　黑龙江大小兴安岭林区木材产量调减方案

单位名称	木材产量（万立方米）		调减比例（%）
	2009 年	2011 年	
黑龙江大兴安岭林管局	149	72	52
黑龙江森工总局伊春林管局	136	36	74
黑龙江森工总局八个林业局	99	23	77
黑龙江地方国有林业局	63	37	41

2. 1. 2　黑龙江省大兴安岭林区总体现状

大兴安岭地区属于政企合一的区划，也就是大兴安岭地区与大兴安岭林业管理局（林业集团公司）是政企合一的。大兴安岭地区总人口 50 多万人，面积 8. 46 万平方公里，下辖 3 县 4 区 10 个林业局（林业公司)。3 县为呼玛、塔河(与塔河林业局政企合一)、漠河(与西林吉林业局政企合一);4 区为加格达奇、松岭、新林、呼中,分别与同名林业局政企合一;10 个林业局中除了上述 6 个外,还有韩家园(位于呼玛县)、十八站(位于塔河县和呼玛县)、阿木尔(位于漠河县)、图强(位于漠河县)4 个林业局。7 个区(县)中,只有呼玛县与林业局不是政企合一,因此,可以把 4 区 3 县 10 个林业局看作一共 11 个县级区划。

黑龙江大兴安岭林区是我国最大的天然林区之一。自 1964 年开发建设以来,大兴安岭林区的经济发展属于以消耗森林资源为代价的粗放型发展方式,在为国家经济建设提供大量木材的同时,也付出生态环境恶化、可采森林资源枯竭等惨重代价。该地区可采成过熟林资源由开发初期的 4.6 亿立方米下降到 2008 年的 0.21 亿立方米,已经到了无木可采的地步。

近几年,大兴安岭林区已从单一木材生产的发展方式向种植、矿产资源开发、木材深加工和生态旅游等新兴产业的低碳经济发展方式转变。

2.1.3 黑龙江省小兴安岭林区总体现状

2.1.3.1 伊春市总体现状

小兴安岭生态功能区包括伊春市辖区的 21 个县(市)、区(局),总面积 4.12 万平方公里,总人口 132 万。小兴安岭是国家重点国有林区,素有"中国林都"、"红松故乡"之称,是黑龙江、松花江两大水系支流的源头和重要水源涵养区,对保持水土、调蓄洪水、维持生物多样性和区域生态平衡、保障国家和东北亚生态安全具有不可或缺的生态功能;是我国重要商品粮、畜牧业生产基地的天然屏障,对调节东北、华北平原气候,缓解全球气候变暖,都具有无可替代的保障功能;作为我国重要的国有林区,地上和地下资源富集,具有发展以森林生态旅游业为重点的第三产业、绿色能源、森林食品及加工业、冶金建材化工和木材精深加工等接续替代产业的潜力和广阔空间,对促进经济社会可持续发展有着极为重要的经济功能。

（1）伊春市自然资源状况：伊春市地处黑龙江省东北部，南临广阔富饶的三江平原，北靠水产丰富的黑龙江，与俄罗斯隔江相望，边境线长达249.5千米，下辖1市1县15个区16个林业局，行政区划面积3.28万平方公里。小兴安岭山系纵贯伊春全境，以森林植被为主体的自然资源十分丰富。林区经营总面积392万公顷，有林地面积321万公顷，森林覆被率为81.8%。活立木总蓄积24743万立方米，中龄林蓄积14279万立方米，幼龄林蓄积4648万立方米。年林木生长量为913万立方米。湿地面积为40万公顷，主要湿地类型为：河流湿地、沼泽湿地、森林湿地、水库湿地、人工湿地等。水资源极为丰富，辖区内水资源总量为53.8亿立方米，河流纵横密布，共有河流702条，主要河流有汤旺河、库尔滨河、乌云河、嘉荫河、呼兰河，分属黑龙江、松花江两大水系。野生动植物繁多，共有野生植物1396种，占全省总数的63.2%，其中经济植物824种，占全省的92%；野生动物434种，占全省的78.8%。

（2）近几年生态保护效果：小兴安岭经过60年的开发建设，森林蓄积和可采成过熟林蓄积分别下降了55%和98%，森林涵养水源、净化空气、保持水土等生态功能下降严重。草原面积减少，湿地面积萎缩，土壤侵蚀加剧，水土流失日趋严重，局部土壤沙化面积加大，区域内温度升高，旱涝、火灾等自然灾害频繁发生。实施天保工程以来，落实森林资源管护经营承包面积157.4万公顷，封山育林51.8万公顷，建立各级各类自然保护区面积达56.4万公顷，累计调减木材产量945.5万立方米，少消耗森林蓄积1935万立方米。人工林面积达到46.8万公顷，蓄积达到3521万立方米，到2007年实现了森林资源年净增500万立方米的良性循环。区域内水土流失得到初步控制，累计完成退耕还林、还草、还湿地1.5万公顷，治理水土流失面积3.7万公顷，水土流失治理率6.2%以上。已有10个林业局的11支队伍在俄罗斯开展森林采伐，年采伐量达到80余万立方米。2008年，对俄罗斯劳务输出5000人，口岸过货贸易额完成2057万美元。

2.1.3.2 黑河市总体现状

2010年黑河市有自然保护区25个，全年完成造林面积23551公顷，其中人工造林9219公顷，无林地和疏林地新封12332公顷，有林地造林面积2000公顷。

(1)黑河市基本情况：黑河林区与大兴安岭、伊春林区共同构成了东北平原和华北地区的生态屏障，生态作用十分显著。同时，作为全省三大重点林区之一，黑河市林业经营面积占全省地方林业总经营面积的三分之一，是黑龙江省地方林业经营面积最大的林区，森林分布广阔，资源相对富集。黑河市森林面积327万公顷，占全省地方林业总经营面积的三分之一，森林覆盖率47.6%，活立木总蓄积量为1.36亿立方米，每公顷蓄积量为65立方米，连年生长量为430万立方米。建有各类自然保护区15处，其中国家级自然保护区2处，省级自然保护区13处。天然湿地面积60万公顷；野生动物460余种，其中兽类80余种；野生植物2000余种，其中野生药材350余种。

黑河市现有县(市、区)林业局7个，国有林场52个，国有苗圃7个，乡镇林业工作站74个，林业系统职工1.5万人，林业总人口约5万人。森工总局有两个林业局坐落在黑河境内，分别是：沾河林业局、通北林业局。

黑河市林业的优势主要体现为：区位独特，林区面积大。黑河市爱辉、嫩江境内的滨南、嘎拉山等12处国有林场地处大兴安岭南坡；孙吴、逊克境内的胜山、新立等40处国有林场地处小兴安岭北坡和西北坡，由此形成了黑河市林区作为大小兴安岭重要组成部分的独特区位优势。

(2)黑河市森林资源情况：黑河市地方林业局总经营面积306万公顷，其中林业用地面积256万公顷，有林地面积204万公顷，国家重点公益林面积104.8万公顷，活立木总蓄积：1.36亿立方米，活立木总生长量585万立方米。用材林按林龄划分：幼龄林面积85662.7公顷，中龄林面积276726.1公顷，近熟林面积14721.4公顷，成熟林面积11018公顷，过熟林面积11863.4公顷。按起源划分：天然林面积196.6万公顷，蓄积量1.26亿立方米；人工林面积7.4万公顷，蓄积量929.7万立方米。

2.2 林产工业产品构成及主要行业简介

2.2.1 林产工业概念及木材的材料特征

林产工业是指林业产业中的第二产业，林业产业包括森林资源培育、采运和木材加工业、林化产品加工业、木浆造纸业以及林副产品采集加工业、森林旅游业，其中木材加工业、林化产品加工业和木浆造纸业组成林产工业。林产工业是以木材资源及其剩余物为主的林产品加工业，属于资源约束型和资源再生型产业，是现代材料工业的重要支柱产业。

木材具有可再生、碳排放量为零、加工能耗最低、环境友好型的特点，人们已认识到木材利用对环境保护的贡献。木材质轻、高强、美观，加工能耗小，是当今世界四大材料（钢材、水泥、木材、塑料）中唯一可再生、可再循环利用和可自然降解的绿色材料和生物资源。生产同类产品，木材产品能耗为钢产品的 1/9，铝产品的 1/4，混凝土产品的 1/22。木材的保温性能是煤渣砖的 4 倍，黏土砖的 6 倍，混凝土的 15 倍，铝的 1770 倍。木结构民宅房屋的环境性能指标（能耗、对全球变暖的影响、对空气和水的污染及对资源的消耗等）远优于类似用途的钢结构和混凝土结构的民宅建筑（陈绪和，2011）。木材作为材料的特征只要采取森林间伐等适当的经营管理方式，木材就是可永续再生的材料，废材也是既可以制成新产品又可以循环利用的。木材作为材料的特征有以下两点：

（1）节能特征。与铁和铝等材料相比，木材在加工时的碳排放量少并且节能，对防止全球气候变暖的贡献很大。据统计，平均一户木结构住宅使用的材料在加工时的碳排放量比钢筋混凝土结构住宅低。如果缩短运输距离，还有望获得降低运输能耗的效果。

（2）贮碳特征。与铁和水泥等材料不同，木材具有把大气中二氧化碳（CO_2）以碳元素为主的高聚物的形式贮藏起来的特性（木材质量的 50% 为碳）。木结构住宅的贮碳量约为钢筋混凝土住宅的 4 倍（胡杨，2011）。

2.2.2 林产工业产品构成

林产工业产品主要包括：

(1)锯材(sawn timber)：由原木锯制而成的一定尺寸的成品材或半成品材。包括：纵向锯制或用剖面切削的方法加工而成，厚度超过6毫米的成材，但不包括特型材。锯材及附属产品的出材率情况是：锯材50%，锯屑15%，木片30%，树皮5%。锯材通过干燥，含水率达到8%~14%后再加工成终端产品。锯屑、木片、树皮作为人造板和生物质能源的原料。

(2)集成材：集成材是我国近几年发展起来的新型建筑材料，包括结构材和非结构材两大类，它保留了天然木材的质感，外表美观，做到了小材大用、劣材优用，其抗压、抗拉等物理力学强度是实体木材的1.5倍，质地均匀、变形小、较少开裂。主要利用干燥锯材通过刨铣、去除缺陷、指接、胶合，制成所需要的各种材料，如木梁、木墙、地板、门窗料、家具料、内外墙板等。

(3)木质人造板(wood-based panels)：是指单板、胶合板、刨花板及纤维板。

(4)地板：按照材质地板可以分为实木地板、实木复合地板、强化地板等三种，按照外观可以分为仿古地板、浮雕拉丝地板、拼花地板、自然纹理地板等。实木地板具有脚感舒适、自然温馨、冬暖夏凉等特点。

(5)家具：按照材质家具可以分为实木家具、实木复合家具、板式家具等三种。实木家具具有环保、安全、高贵典雅等特点。

(6)木结构建筑：木结构建筑是由天然材料组成，其结构单纯由木材或主要由木材承受荷载，通过各种金属连接件或榫卯手段进行连接和固定的建筑。在欧美每年新建的单体别墅中90%采用木结构建筑。具有低碳、环保、节能、可循环等特点。

(7)纸浆(pulp)：包括用机械、半化学、化学方法制成的木浆，但不包括非木材纤维的其他纸浆。

(8)纸和纸板(paper and paperboard)：包括以木材纤维为原料的新闻纸、印刷纸、书写纸、其他纸和纸板，或称纸和纸制品。但在引用一些数据时包括非木材纤维的纸和纸制品。

(9)林产化工产品：在生物质能源生产过程中，生成木炭、木醋、木焦油等林化产品，并可再被利用制成生物肥料。

此外，还包括一些新型高科技产品，如碳化木、防腐木等，这些产品广泛用于家居、亭、桥、栈道、室内外地板等。碳化木是经180～250℃热处理而获得的具有尺寸稳定、耐腐等性能改善的木材，由于具有不开裂、不变形、不含任何有害物质、经久耐用等特点，因而是真正的绿色环保产品。

2.2.3 林产工业主要行业发展现状

2.2.3.1 人造板行业发展现状

改革开放以来，中国人造板工业发展迅速，产量已经位居世界第一。人造板产量的大幅增加主要是受国内家具制造、建筑、房地产、家庭装饰等行业以及国际贸易的快速发展所带动。自2001年以后，平原区的人造板生产开始超越南方区，其产量平均约占全国的56.95%。其中，尤以平原区的沿海省份山东、江苏和河北增幅显著，3省人造板产量约占全国的49.64%。2002～2008年，南方区产量份额平均约为33.19%。2008年，西南区、东北区、3个直辖市和西北区的"三板"产量分别约占全国的6.32%、4.64%、0.39%和0.35%；平原区人造板生产增长势头迅猛，后来居上，占据全国人造板的"半壁江山"。这一时期中国人造板生产重心逐渐向平原区聚集，基本确立了平原区在中国人造板生产布局中的主体地位。

2010年广州人造板市场：受房地产业和天气影响，中纤板销售量较去年同期有所下降；刨花板货源紧张的局面已经得到有效缓解，得益于家具生产企业订单的不断增多，刨花板的市场行情很好；由于胶合板经营成本不断上涨，胶合板商家的利润在不断下降，经营压力也在不断加大。因此现在刨花板的货源是比较充足的，价格也比较稳定。同时，得益于家具生产企业订单的不断增多，刨花板的市场行情表现不俗，胶合板：经营成本不断上涨，胶合板商家的利润在不断下降，经营压力也在不断加大。

2.2.3.2 地板行业发展现状

2009 年以来，作为我国林产工业重要组成部分的中国地板行业在业内掀起了低碳发展的热潮，从积极种植林木、保护森林资源，到科学配比地板产品的木材材种、提高木材利用率，再到在全国范围内广泛推广更具低碳发展意义的三层实木复合地板，节能减排、低碳发展的运动已在地板业界开展。2010 年，来自地板行业领导、三层实木复合地板生产企业代表纷纷签名表示支持地板行业的低碳发展，共同在地板行业内推广低碳生产、低碳消费的理念，而三层实木复合地板更是成为推动地板行业低碳发展的"主力军"。

据中国林产工业协会地板专业委员会不完全统计，2009 年我国地板生产企业销售量约 3.64 亿平方米同比增长 5.9%。其中强化木地板约 2.12 亿平方米，同比增长 7.1%；实木地板约 4200 万平方米，与 2008 年持平；实木复合地板约 8300 万平方米，同比增长 6.6%；竹地板约 2500 万平方米，同比增长 4.2%；其他地板约 220 万平方米，同比增长 22.2%。2010 年以来，地板业受到房地产业萎缩的影响，整体销售呈下降趋势。实木地板的整体销售量并没有太大增长，仿古地板销售远不及预期理想，销售相对理想的依然是传统的产品，如柚木实木地板、红檀香实木地板等，其他材种的地板则普遍是销量平平。

地板企业不仅仅使用木材，同时还在以自己的专业优势，加大对森林资源的保护力度。目前，我国的木地板企业已经普遍开始植树造林。拥有上万亩林地的木地板企业比比皆是。如圣象地板便投入巨资培育了 150 万亩的速生丰产林用于保护天然林资源。这不仅是地板行业减少碳排，抵消二氧化碳排放的积极作为，也在一定程度上带动了其他行业的低碳发展，为其他行业减少二氧化碳排放树立了典型。除了加大植树造林的力度外，我国地板企业还在业内掀起了以旧换新的风潮，延长了木地板的使用寿命。

2.2.3.3 造纸行业发展现状

由于历史和技术等各方面的原因，提到造纸行业人们就会想到高污染、高消耗。造纸污染排放是我国水污染最大污染源，多年来造纸厂的污染治理一直是令人头痛的难题，不仅投资大，治污技术也多不成功。造纸业还列居我国五大高耗水行业之首，其国内纸厂吨纸水耗就高达 100 立方米以上，几乎是世界平均水平的 10 倍。这些问题缘于淡薄的环保意识和落后的治理技术。在低碳经济方兴未艾的时代，作为传统的行业，造纸业也面临着污染治理不达标就被关停的严峻考验。现代造纸行业通过引进世界先进设备，采用先进的治理工艺和技术，在环保方面做出积极的探索和努力。

事实上，中国造纸企业虽有 3000 多家，但污染主要来自中小企业，大企业的环保水平在全国 41 个行业中已处中上水平，一些世界级规模造纸企业废水及 COD 排放指标更是远远优于国家乃至世界水平。据中国林纸企业家俱乐部统计，从 COD 指标来看，产量占中国纸业 40% 以上的大型造纸企业排放量不到全行业的 10%。造纸行业通过调整原料结构，助推产业升级，转变传统发展方式，走出一条低碳循环的发展之路。现代的造纸行业赋予了传统造纸新的概念和内涵。

2.2.3.4　木质门产业发展现状

我国木质门产业兴起于 2000 年，经过 10 多年的发展，国内木质门产业呈现上升态势，但仍处于发展的初级阶段。2010 年全国木质门仍将保持较快的发展速度，总产值超过 700 亿元，增幅在 25% 左右，目前木质门内需与出口仍呈增长态势。能够达到木质门行业标准，具备一定规模、以机械化生产为主，年产值在 500 万元以上的企业约有 3000 多家；在 1000 万元/年产值以上的不超过 2000 多家，在 1000 万~3000 万元/年产值之间的占 40%，3000 万~5000 万元/年产值的占 30%，5000 万元/年产值以上的占 29%，亿元以上产值的木门企业只有 30 家左右。生产企业集中分布在广东、辽宁、浙江、福建、山东、江苏、云南、上海、吉林和新疆等地的一级城市。其中珠三角占 33%、长三角占 25%、大京津占 19%、东北占 10%、西南占 9% 和西北占 4%（许方荣，2011）。

2.2.3.5 可再生生物质能源发展现状

生物质清洁能源技术是近几年发展起来的一项高新技术，它以木材剩余物（林木枝丫、树皮、锯屑、粉尘）为原料，通过一系列的物理、化学过程使其气化变成可燃气用于发电、供热，同时生成副产品木炭、木醋、木焦油的方法。整个过程少量排放二氧化碳，是一项低碳节能技术，在产业链循环中处于末端。

木质颗粒燃料作为可再生生物质能源，以木材加工剩余物（边角料、锯末、板皮等）、采伐剩余物、造材剩余物等林区"三剩物"为原料，经粉碎、烘干、加压、冷却等工艺增密成型，压缩成小棒状固体颗粒，可替代煤、油、电、天然气等能源。生产木质颗粒2万吨，消耗剩余物5万立方米，木质颗粒的品质指标是：水分7%~8%，灰分：0.5%~0.7%，发热量：4700~4800千卡/千克，容积密度：700~750千克/立方米，化学成分：S-0.05%，CI-0.50%，N-0.3%以下，无任何添加剂。木质颗粒每公斤的热值为4500千卡以上，燃烧性能好，燃烧时氮氧化物和二氧化硫的排放量几乎为零，是国际公认的"清洁能源"，一半多销往海外。该产品优势为：

（1）使用干净的木材废料。所有原料先剥皮后粉碎，不使用任何添加剂，100%木材废料加工而成。

（2）热值高、灰分低。以大兴安岭地区生长的落叶松为主要原料，热值能达到4700千卡以上，原料全部剥皮后粉碎，所以灰分低。

（3）品质稳定、价格低廉。生产木质颗粒的企业管理规范严格，品质不亚于加拿大、欧洲的木质颗粒，价格却比这些国家地区低廉。

2.3 黑龙江省大兴安岭林区林产工业发展现状及特点

2.3.1 黑龙江大兴安岭林区林产工业经济指标完成情况

2011年，全区林产工业战线完成产值226792.9万元，同比增长14.5%，其中，精深加工产值完成167065.1万元，同比增长19.1%，占

总产值的比重为 73.7%；增加值完成 84479.6 万元，完成年计划的
109.9%，同比增长 12.4%；销售收入完成 198224.6 万元，完成年计划的
112.3%，同比增长 12.6%；实现利润 19040.4 万元，完成年计划的
107.8%，同比增长 16.4%；上缴税金 13605.7 万元，同比增长 99.4%。

2.3.2　主要产品产、销、存情况

黑龙江省大兴安岭林区 2011 年人造板设计生产能力 439500 立方
米，实际产量 297126 立方米，达产率 67.6%，销售量 250005 立方米，
产销率 84.14%，期末库存 295111 立方米；集成材设计生产能力 65500
立方米，产量 8096 立方米，达产率 12.4%，销售量 7115 立方米，产
销率 87.9%，期末库存 22139 立方米；木结构建筑设计生产能力
100000 平方米，产量 32747 平方米，达产率 32.7%，销售量 25640 平
方米，产销率 78.3%，期末库存 10425 平方米；木制家具产量 8505 件，
销售量 6465 件，产销率 76%，期末库存 80784 件；实木复合地板设计生
产能力 825000 平方米，产量 301441 平方米，达产率 32.7%，销售量
148834 平方米，产销率 49.4%，期末库存 827825 平方米；林化产品
（机制碳、木炭、活性炭）产量 107453 吨，销售量 115263 吨，产销率
107.3%，期末库存 10918 吨；锯材产量 156207 立方米，销售量 131866
立方米，产销率 84.4%，期末库存 133605 立方米。黑龙江大兴安岭林
区 2011 年的林产工业经营情况见表 2-2。

2.3.3　黑龙江大兴安岭林区林产工业发展呈现的特点

大兴安岭林区克服木材产量锐减、全面停止主伐带来的原料少、径
级小、材质欠佳等不利因素，通过深化资源整合、优化产品结构、强化
行业管理等手段，全面提升了经济运行质量，林产工业经济运行总体上
保持稳步增长的发展态势。2011 年，全区林产工业战线产值、增加值、
销售收入、利润、税金同比分别增长 14.5%、12.4%、12.6%、
16.4%、99.4%。黑龙江大兴安岭林区林产工业的具体发展特点如下：
（1）优化产品结构，精深加工产品占有率提高。中、终端精深加工

产品产量同比增长，精深加工产值同比增长 19.1%，占总产值的比重为 73.7%，同比提高 2.9 个百分点，对总产值增长的贡献率达 93.4%。

（2）木结构建筑等主导产品快速发展。表 2-2 数据表明，2011 年累计生产木结构建筑 32747 平方米，同比增长 53.6%，拉动全区林产工业产值增长 5.7 个百分点。

（3）浪费资源型产品的比重下降，以剩余物为原料的产品比重上升。卫生筷子、雪糕柄、牙签等浪费资源型产品的产值比重同比降低 2.3 个百分点。以剩余物为原料的刨花板、细木工板、木片、木质颗粒、林化产品、木制工艺品等产品的产值比重同比增长 6.5 个百分点。

表 2-2　2011 年黑龙江大兴安岭林区林产工业经营情况

类别	产品名称	设计能力	实际产量（立方米）	完成年计划的比例（%）	同比增长（%）	销售量（立方米）	产销率（%）	期末库存（立方米）
人造板	纤维板	185000	155242	91.3	-4.1	111211	71.6	191824
	胶合板	30000	5070	56.3	-51.1	4553	89.8	19585
	刨花板	90000	3082	5.6	+54.0	4087	132.6	14676
	细木工板	74500	85117	127.4	+22.8	84415	99.2	43157
	建筑模板	35000	25567	131.1	-2.0	27108	106.0	8803
	单板	25000	23048	284.5	-26.7	18631	80.8	17066
集成材	集成材	65500	8096	67.5	-62.3	7115	87.9	22139
	实木门	-	488 套	48.8	+727.1	0	0	8980 套
	实木窗	-	10560 平方米	352.0	+8.7	8226 平方米	77.9	4326 平方米
	木梁	-	165.9	11.1	+208.4	0	0	406
	墙体	-	1189	26.4	-38.7	168	14.1	3657
	木结构建筑	100000 平方米	32747 平方米	117.0	+53.6	25640 平方米	78.3	10425 平方米
木制品	实木复合地板	825000 平方米	301441 平方米	44.9	-14.4	148834 平方米	49.4	827825 平方米
	小木制品	-	10045	186.0	+9.3	9972	99.3	5438
	卫生筷子	965000	944332 箱	147.3	-14.8	905358 箱	95.9	406143 箱
	木制家具	-	8505 件	8.5	+27.0	6465 件	76.0	80784 件
林化产品	机制炭	50200	75042 吨	233.4	+53.7	82190 吨	109.5	8249 吨
	木炭	21525	31075 吨	591.9	+14.5	31736.6 吨	102.1	360 吨
	活性炭	-	1336 吨	89.1	-7.9	1336 吨	100.0	2309 吨
	木片	24000 绝干吨	169321 绝干吨	73.5	-11.0	174801 绝干吨	103.2	77564 绝干吨

（续）

类别	产品名称	设计能力	实际产量（立方米）	完成年计划的比例（%）	同比增长（%）	销售量（立方米）	产销率（%）	期末库存（立方米）
锯材	板方材	404500	126507	125.4	-34.1	106582	84.3	108400.3
	刨光材	-	2308	230.8	-67.8	2305	99.9	4298
	定制材	-	24219	67.7	-57.4	21886	90.4	13702
	干燥材	-	3173	19.5	-84.6	1093	34.4	7205
防腐木		-	302	16.8	-19.0	0	0	675
炭化木		-	137	6.9	-76.0	7	5.1	702

数据来源：大兴安岭林业集团公司林产工业处。

（4）林产工业管理部门加大对13家重点项目的推进力度，有效地促进了重点项目发展。林产工业管理部门有效举办各类展会为企业提供推介平台、协助企业完成生产工艺改进及设备改造等举措促进13户重点项目的工业总产值、销售收入、利润、税金获得较大增长幅度，带动林区林产工业的发展。

2.4 黑龙江省伊春林区林产工业发展现状

做大做精木材深加工业。木材精深加工业是伊春市的支柱产业和基础产业。鼓励支持以利用木材剩余物为原料的中、高密度纤维板、刨花板、贴面板及木塑制品项目，鼓励支持以人造板为原料的板式家具和复合式家具项目，鼓励支持强化地板、实木复合地板及木制工艺品项目。建设以朗乡业业集团、嘉荫亿通木业实木复合地板、福旺刨花板、侨艺木制工艺品等为龙头的产业基地，提高木材二次加工及深加工的增值率，开拓市场，打造品牌，提高市场竞争力和经济效益。加强原料材、用材林基地建设，实施林板一体化，鼓励和引进从俄罗斯进口木材，为林木精深加工业提供充足的原料。

2.4.1 伊春林区林产工业发展概况

（1）企业和职工情况。2010 年伊春林区林产共有工业企业 688 户，按企业性质划分：国有企业 7 户、集体企业 12 户、私营和外资企业 669 户。2010 年末伊春林区林产工业在册职工 46182 人，其中在岗职工 39284 人。

（2）固定资产情况。林产工业资产总额 22.47 亿元，其中国有资产总额 9.76 亿元，国有固定资产原值 9.44 亿元，国有固定资产净值 5.07 亿元，流动资产 3.24 亿元，负债总额 8.05 亿元，国有企业金融机构债务 2.34 亿元。

（3）主要产品生产能力情况。2010 年伊春林区林产工业主要产品生产能力为：

锯材 146.6 万立方米；人造板 154.3 万立方米，其中刨花板 45.5 万立方米，中密度纤维板 36 万立方米，硬质纤维板 3.2 万立方米，胶合板 9.5 万立方米，细木工板 39.4 万立方米，集成材 20.7 万立方米；家具产值能力 15.15 亿元；纸及纸板 7.5 万吨；实木地板 8.4 万立方米，卫生筷 257.7 万标箱，浸渍纸 4200 万平方米，贴面人造板 1440 万平方米，强化复合地板 1620 万平方米。

2.4.2 伊春林区林产工业经营情况

（1）2010 年主要产品产量。锯材生产 90.5 万立方米；人造板生产 113.2 万立方米，其中刨花板 28.2 万立方米，中密度纤维板 23.5 万立方米，胶合板 5.3 万立方米，硬质纤维板 2.6 万立方米，细木工板 19.2 万立方米，集成材 14.4 万立方米；家具产值 6.9 亿元；纸及纸板生产 3.2 万吨；实木地板 19.8 万平方米，卫生筷 147.1 万标准箱，强化复合地板 125.7 万平方米。

（2）工业总产值和产品销售利润。2010 年伊春林区产品销售收入 36.97 亿元，销售利润 1.257 亿元，其中私营和外资企业占 79.4%。2010 年产品销售利润过千万元的林业局是郎乡林业局、新青林业局、

双丰林业局、汤旺河林业局，分别是 3833.5 万元、2501.4 万元、2058.5
万元、1263 万元；亏损最多的是友好木材厂、南岔水解厂、伊春木材厂
等 3 家直属企业，亏损额分别为 276.3 万元、194.8 万元、51 万元。

（3）木材资源利用情况。2010 年伊春林区木材产量 128.5 万立方
米，木材加工量 143.8 万立方米，其中，加工本局木材量 97 万立方米，
加工外购木材量 46.8 万立方米。"三剩物"工业利用率平均为 81.54%。

伊春林区林产工业具体经营情况见表 2-3。

表 2-3　2010 年黑龙江伊春林区林产工业经营情况

序号	下属单位名称	实现产值（万元）	产品销售收入（万元）	产品销售利润（万元）	单位木材加工创林产工业产值（元/立方米）	单位木材吸纳劳动力（人/立方米）	单位工业总产值消耗木材原料（立方米/万元）
1	双丰局	27397.0	25800.0	2058.5	11415.42	924	0.88
2	铁力局	12644.7	11926.6	—	949.77	213	10.53
3	桃山局	9045.4	8440.9	—	3010.62	125	3.32
4	朗乡局	63027.0	61885.9	3833.5	3397.68	205	2.94
5	南岔局	12227.0	11431.5	300.0	2241.14	312	4.46
6	金山屯局	36760.0	36760.0	—	6393.04	609	1.56
7	美溪局	12111.6	12111.6	—	1908.84	184	5.24
8	乌马河局	30810.1	28795.1	96.0	5602.04	420	1.79
9	翠峦局	24350.0	24350.0	876.5	1201.88	168	8.32
10	友好局	37563.1	2451.3	13.0	2479.40	221	4.03
11	上甘岭局	20256.0	37151.0	928.6	4051.20	451	2.47
12	五营局	8802.5	8802.5	—	2140.48	—	4.67
13	红星局	22235.5	21809.0	—	1912.32	123	5.23
14	新青局	42545.0	41690.0	2501.4	2520.44	184	3.97
15	汤旺河局	26690.6	26690.6	1263.0	1658.78	261	6.03
16	乌伊岭局	7350.0	7350.0	695.0	700.00	180	14.29
17	南岔水解厂	2833.1	2256.2	6.7	—	—	—
伊春合计（平均数）		396648.6	369702.2	12572.2	2757.41	305	4.98

数据来源：黑龙江森工集团林产工业局。

注："—"是指原报表缺失该项数据。

2.4.3 伊春林区林产工业生产能力和实际生产对比分析

人造板产品和其他主要产品的设计生产能力和实际生产情况分别见表2-4、表2-5。

根据表2-4中各人造板产品的实际完成和设计能力情况，可以计算出各产品达到额定生产能力的比率情况。硬质纤维板的设计生产能力只有2.4万立方米，实际生产2.33万立方米，达到额定生产能力的97.6%，排名第一；胶合板的设计生产能力是3.7万立方米，实际生产

表2-4　2010年黑龙江伊春林区林产工业人造板产品设计能力和实际完成情况

下属单位	胶合板（立方米）		刨花板（立方米）		细木工板（立方米）		中密度纤维板（立方米）		硬质纤维板（立方米）	
	设计能力	实际完成	设计能力	实际完成	设计能力	实际完成	设计能力	实际完成	设计能力	实际完成
双丰局	5000	3000	—	—	8000	5200	—	—	—	—
铁力局	9000	2160	30000	0	1000	1295	—	—	—	—
朗乡局	—	—	80000	77000	—	—	80000	70000	—	—
南岔局	5000	3000	—	—	6000	4000	—	—	—	—
金山屯局	—	—	—	—	10000	7000	—	—	—	—
美溪局	—	—	—	—	—	—	—	—	—	—
乌马河局	—	—	25000	23517	—	—	50000	40000	—	—
翠峦局	—	—	—	—	10000	4072	—	—	—	—
友好局	8000	17707	—	—	—	—	—	—	24000	23413
上甘岭局	—	—	—	—	20000	9860	—	—	—	—
红星局	—	—	—	—	8000	8255	20000	20000	—	—
五营局	—	—	—	—	—	—	—	—	—	—
新青局	—	—	10000	10860	60000	46230	—	—	—	—
汤旺河局	10000	6000	50000	49353	100000	71788	—	—	—	—
乌伊岭局	—	—	—	—	8000	8100	—	—	—	—
南岔水解厂	—	—	—	—	—	—	80000	20986	—	—
伊春合计	37000	31867	195000	160730	231000	165800	230000	150986	24000	23413

3. 187万立方米，达到额定生产能力的86. 1%，排名第二；刨花板的设计生产能力近20万立方米，实际生产16万立方米，达到额定生产能力的82. 4%，排名第三；细木工板和中密度纤维板的设计生产能力都很高，达到23万立方米，实际生产达到额定生产能力的比率分别是71. 8%、65. 7%，排名第四和第五。

根据表2-5中锯材、集成材、地板、家具、卫生筷子等林产工业品的实际完成和设计能力情况，可以计算出这些产品达到额定生产能力的比率情况。集成材的设计生产能力是13. 66万立方米，实际生产10. 5万立方米，达到额定生产能力的76. 6%，排名第一；家具的设计生产能力118700万元，实际生产60708万元，达到额定生产能力的51. 1%，

表2-5　2010年黑龙江伊春林区人造板以外的林产工业产品设计能力和实际完成情况

下属单位	锯材（立方米）		集成材（立方米）		地板（平方米）		家具（千元）		卫生筷子（标箱）	
	设计能力	实际完成	设计能力	实际完成	设计能力	实际完成	设计能力	实际完成	设计能力	实际完成
双丰局	35000	28000	—	—	—	—	220000	202400	—	—
铁力局	165000	11255	13600	13600	333000	0	7000	6023	30000	17000
朗乡局	330000	30000	20000	14600	6000000	600000	4000	73370	80000	50000
南岔局	35000	14000	—	—	—	—	100000	85000	—	—
金山屯局	31000	45000	28000	19000	—	—	100000	0	200000	120000
美溪局	—	—	—	—	—	—	10000	0	—	—
乌马河局	10000	9142	—	—	—	—	43000	36056	—	—
翠峦局	100000	35724	18000	14864	—	—	3000	2000	—	—
友好局	—	—	—	—	—	—	630000	120200	360000	0
上甘岭局	200000	60250	20000	10826	—	—	—	—	—	—
红星局	240000	73440	2000	909	—	—	15000	11485	—	—
五营局	50000	31200	—	—	—	—	5000	0	—	—
新青局	50000	74780	25000	21880	10000	5602	50000	70550	—	—
汤旺河局	200000	94000	10000	9000	—	—	—	—	100000	89000
乌伊岭局	20000	14500	—	—	—	—	—	—	—	—
伊春合计	1466000	521291	136600	104679	6343000	605602	1187000	607084	770000	276000

排名第二；卫生筷子的设计生产能力是 77 万箱，实际生产 27.6 万箱，达到额定生产能力的 35.8%，排名第三；锯材的额定生产能力 146.6 万立方米，实际生产 52.1 万立方米，达到额定生产能力的 35.6%，排名第四；地板的额定生产能力 634.3 万平方米，实际生产 60.6 万立方米，达到额定生产能力的 9.6%，排名第五。

2.2.4 伊春林区林产工业发展呈现的特点

(1)企业创新能力和产品竞争能力有了较大提高。以人造板、家具、小木制品三大产品为重点，不断提升产品档次，延长产业链条，积极采用新材料、新工艺开发造型、功能符合流行时尚要求的产品，满足市场需求。朗乡刨花板获国家名牌产品称号，友春家具获省名牌产品称号。

(2)木材精深加工比重不断提高。林产工业管理部门加强木材加工厂的清理整合工作，取消了一批非法企业和不成规模的小企业，精深化程度逐步提高，目前木材精深加工产值已经占林产工业总产值的 80% 以上。

(3)招商引资和产业化效果明显。充分利用资源优势，引进木材加工战略投资者，加大项目建设力度，改造低级产品，提升了木材加工集约经营水平，形成了具有较高水准的林产工业。

2.5 黑龙江省小兴安岭其他森工林业局林产工业发展现状

小兴安岭地区除了伊春林区以外的其他森工林业局包括鹤北林业局、鹤立林业局、清河林业局、兴隆林业局、绥棱林业局、通北林业局、沾河林业局、桦南林业局、带岭林业实验局。其中 7 个林业局林产工业具体经营情况见表2-6。

表2-6 2010年小兴安岭7个森工林业局林产工业经营情况

序号	下属单位名称	实现产值（万元）	产品销售收入（万元）	产品销售利润（万元）	单位木材加工创林产工业产值（元/立方米）	单位木材吸纳劳动力（人/立方米）	单位工业总产值消耗木材原料（立方米/万元）
1	兴隆局	27397.0	25800.0	2058.5	11415.42	924	0.88
2	绥棱局	12644.7	11926.6	—	949.77	213	10.53
3	通北局	9045.4	8440.9	—	3010.62	125	3.32
4	鹤立局	63027.0	61885.9	3833.5	3397.68	205	2.94
5	鹤北局	12227.0	11431.5	300.0	2241.14	312	4.46
6	清河局	36760.0	36760.0	—	6393.04	609	1.56
7	带岭局	12111.6	12111.6	—	1908.84	184	5.24
合计（或平均数）		173212.7	168356.5	6192	4188.07	367.43	4.13

数据来源：黑龙江森工集团林产工业局。

注："—"是指原报表缺失该项数据。

2.5.1 小兴安岭其他森工林业局林产工业发展概况

（1）企业和职工情况。2010年末伊春区以外的其他小兴安岭森工林业局林产工业企业280户，按企业性质划分：国有企业20户、集体企业9户、私营和外资企业251户。2010年末伊春林区林产工业在册职工12521人，其中在岗职工9566人。

（2）固定资产情况。林产工业资产总额7.24亿元，其中国有资产总额1.65亿元，国有固定资产原值1.65亿元，国有固定资产净值1.16亿元，流动资产0.485亿元，负债总额0.633亿元，国有企业金融机构债务0.188亿元。

（3）主要产品生产能力情况。2010年末这些林业局林产工业主要产品生产能力为：

锯材 44.5 万立方米；人造板 36 万立方米，其中刨花板 3 万立方米，中密度纤维板 13 万立方米，胶合板 1.3 万立方米，细木工板 14.5 万立方米，集成材 4.2 万立方米；家具产值能力 2.6 亿元；实木地板 22 万立方米，卫生筷 33 万标箱，强化复合地板 500 万平方米。

2.5.2 小兴安岭其他森工林业局林产工业经营情况

（1）2010 年主要产品产量。锯材 19 万立方米；人造板 113.2 万立方米，其中刨花板 3.2 万立方米，中密度纤维板 8.4 万立方米，胶合板 0.99 万立方米，细木工板 1.6 万立方米，集成材 2.8 万立方米；家具产值 0.74 亿元；实木地板 17 万平方米，卫生筷 24.8 万标准箱，强化复合地板 32.8 万平方米。

（2）工业总产值和产品销售利润。2010 年工业总产值 11.2 亿元，产品销售收入 8.27 亿元，销售利润 0.697 亿元，其中私营企业占 60%。2010 年产品销售利润过千万元的林业局是兴隆林业局、清河林业局、带岭林业实验局，分别是 2508.5 万元、1625.9 万元、1310 万元。

（3）木材资源利用情况。2010 年这 9 家林业局木材产量 105.7 万立方米，木材加工量 78.7 万立方米，其中，加工本局木材量 55.8 万立方米，加工外购木材量 12.1 万立方米。"三剩物"工业利用率平均为 68%。

2.6 黑龙江省大小兴安岭林区林产工业存在问题分析

2.6.1 黑龙江省大兴安岭林区林产工业发展存在问题分析

虽然 2011 年大兴安岭林区林产工业经济实现了平稳增长目标，但是还存在着以下迫切需要解决的问题：

（1）企业规模小，品牌少，个体实力较弱，市场竞争力不强。从投资规模看，5000 万元以上企业占 2.5%，500 万元以下企业占 75.2%；

从品牌看，全区林产工业产品有 8 大类、600 多个品种，尽管产品门类齐全，但知名品牌少。目前，在 16 个林产工业产品品牌中，仅有"恒友"一个中国驰名商标，"神州北极"、"华驿"、"大森林"、"宜家"、"三邦"等五个省著名商标。

（2）木结构建筑设计、安装资质和标准的限制，安装技术力量和队伍的匮乏，制约产业发展。木结构建筑是新兴产业，地委、行署、林管局领导高度重视，2010 年成立了大兴安岭神州北极木业有限公司，全区木结构建筑年生产能力已达到 10 万平方米。发展木结构建筑可以带动与之配套的实木复合地板、墙壁板、实木门窗等相关产业发展，形成上下游企业衔接，产品相互配套、互相供应的良性产业链条。目前，木结构建筑市场前景广阔，订单充足，但由于木结构建筑设计、安装资质和标准的限制，安装技术力量和队伍的匮乏，严重制约了全区木结构建筑及与之配套的相关产业的达产达效。2011 年，全区累计生产木结构建筑 32747 平方米，虽同比增长 53.6%，但达产率仅为 32.7%，产能尚未充分发挥。

（3）企业所有制结构不尽合理。目前，束缚生产力发展的羁绊仍然是所有制结构问题。在体制上为经济发展注入新的活力，根本的还是依靠所有制和产权制度的科学合理改革。当前，13 户重点项目所在企业中，6 户为国有企业，因此，实施股份制改造，建立现代企业模式势在必行。

2.6.2 黑龙江省小兴安岭林区林产工业存在问题分析

（1）国有企业管理体制落后、机制不活，不能适应市场经济发展要求。在伊春林产工业固定资产总额 22.47 亿元中，国有固定资产总额是 9.76 亿元，占 43.44%，而国有企业的产品销售收入只占总收入的 3.24%。友好木材厂、南岔水解厂、伊春木材厂等 3 家亏损企业都是国有独资性质，固定资产为 7.83 亿元，这些企业基本沿用计划经济时代的管理体制和经营机制，偏重行政手段，管理粗放，平均主义大锅饭，市场化程度低，生产者和经营者的积极性没有充分发挥。

（2）生产结构和产业组织不合理是影响和制约林产工业发展的重要问题。从生产结构看，还存在规模小、低水平重复建设的现象，缺少较大规模的具有竞争优势和品牌优势的龙头企业；从产业组织看，林产工业企业的横向一体化程度和社会协作度都比较低，没有形成以循环经济为特征的产业集群。

3

林产工业能耗测算及低碳经济发展的宏观层面影响分析

3.1 低碳经济发展基础理论

3.1.1 低碳经济的内涵

世界经济进入了快速发展期，同样由于温室气体的过量排放引发了一系列环境问题。拯救地球环境成为了刻不容缓的世界问题。哥本哈根会议之后，发展低碳经济、循环经济的呼声和要求越来越高。世界上各个国家也意识到"高碳"发展带来了种种弊端，一些国家对环境治理提出更高的标准和要求，发展低碳经济势在必行。所谓低碳，是指较低（更低）的温室气体（二氧化碳为主）排放。

低碳经济概念出现于 20 世纪末 21 世纪初，莱斯特·R·布朗在其《生态经济革命：拯救地球和经济的五大步骤》（1999）一书中描绘了低碳经济概念的雏形。2003 年，英国政府发布的能源白皮书《我们能源的未来：创建低碳经济》首次在官方文件中提出了低碳经济概念，将低碳经济阐述为通过更少的自然资源消耗和环境污染获得更多的经济产出。迄今为止，学术界并未形成低碳经济的统一概念。一些学者将低碳经济视为一种经济形态或发展模式，如庄贵阳把低碳经济定义为"人文发展水平和碳生产力（单位碳排放的经济产出）同时达到一定水平的经济形态，旨在实现控制温室气体排放的全球共同愿景。向低碳经济转型的过程就是低碳发展的过程"。鲍健强等也认为,低碳经济表面上是为减少温室气体排放所做出的努力,但实质上,低碳经济是经济发展方式、能源消费方式、人类生活方式的一次新变革,它将全方位地改造建立在化石燃料(能源)基础之上的现代工业文明,转向生态经济和生态文明;另一类观点则将低碳经济从理念上升为规则制度。低碳经济既是技术问题,也是经济发展模式问题。

3.1.2　低碳经济发展模式的内涵及低碳技术

3.1.2.1　低碳经济发展模式的内涵

低碳经济发展模式即运用低碳经济理论组织经济活动,用低碳技术改造生产和生活方式,从而实现经济发展的低碳化。付允等(2008)从宏观、中观和微观三个层次论证了低碳经济发展模式是以低碳发展为发展方向,以节能减排为发展方式,以碳中和技术为发展方法的绿色经济发展模式;朱四海(2009)则从人为碳通量、碳预算、低碳技术、能源结构四个方面构建低碳经济发展模式。从发展动因出发,可以很好地理解低碳经济发展模式:当气候变化、资源约束上升为影响经济社会发展的重要因素时,世界各国必然寻求突破资源约束、实现低碳排放与经济增长双赢的低碳经济发展模式,这一新型模式的实践基础是技术和制度创新。制度创新包括法律法规、规章制度等方面,在 3.3、3.4 节中介绍,下面只简单介绍低碳技术。

3.1.2.2　低碳技术

广义的低碳技术涵盖了电力、交通、建筑、冶金、化工、石化等部门和能源等领域开发利用的减排技术,也可分类为温室气体的捕集技术、温室气体的埋存技术、低碳或零碳新能源技术(付允等,2008)。近年来,各国不断加大低碳技术的研发,并更加注重其经济性。IEA、IPCC、OECD 等国际机构对涉及电力、工业、建筑和交通这四个重要部门的核心低碳技术的概念、特征、成本收益、技术现状、工业应用和商业项目、产业链、减排潜力、现存困难等问题等进行了深入研究,制定出同减排情景下技术路线图,着重强调碳捕获与封存技术(CCS, Carbon Capture & Storage)、新型生物质能、太阳能、核电技术以及智能电网等绿色技术的应用。CO_2 的减排,最为关键的是要减少矿物燃料的燃烧,发展太阳能、风能、潮汐能、地热能和核能(核能的发展,可能争议较大)等,在技术上已经日趋成熟,前景可以期待;对大量排放 CO_2 的行业和企业应予以限制和进行技改,减少 CO_2 排放。

3.1.2.3 林产工业涉及的低碳技术

木材中各主要元素的平均含量是:C 约为 50% 、H 约为 6.4% 、O 约为 42.6% 、氮和硫可能不足 1%。纤维素大分子经元素分析,C 为 44.2% 、H 为 6.3% 、O 为 49.5%;木素的元素分析表明,C 为 64.4% 、H 为 5.9% 、O 为 29.7%;半纤维素通常是由两种或两种以上的单糖基组成的非均一高聚糖,它们之间的大分子结构差异很大,故半纤维素的 C、H、O 元素比例没有资料提供。木材和人造板行业与其他各基础材料工业相比,无论是能耗、污染物排放还是 CO_2 排放,都具有优势(王维新,2011)。

人造板的甲醛污染主要来自生产人造板所使用的胶粘剂,而"零甲醛"黏合剂系列产品的诞生改变了这一现象。"零甲醛"黏合剂先后通过了国家质检总局和国家环保局等有关权威机构的检测,彻底解决了胶黏剂"甲醛"污染的全球性难题,并被科技部定为国家级重点新产品。为整体解决室内甲醛问题,永恩公司在成功研发零甲醛黏合剂的基础上,又成功研发了零甲醛细木工板、胶合板、实木颗粒板、集成材、中高密度纤维板、多层实木复合地板、UV 板、钢琴漆面饰面板、地板基材和门、衣帽间等家具系列。目前,永恩建材用零甲醛黏合剂生产的人造板、木制成品、板式家具等,除自然界空气、水、树木植物含有的醛类物质以外,使用该黏合剂生产的产品中甲醛含量零增加(木材本身含有醛类物质,一般环境空气中甲醛含量为 0.02~0.05 毫克/立方米)。

3.1.3 低碳经济发展模式的理论架构

经济发展模式的选择最终将受到资源与环境的约束。低碳经济本身就是一种以低能耗、低污染、低排放和高效能、高效率、高效益为基础，以低碳发展为目标，以节能减排为方式，以碳中和技术为手段的绿色经济发展模式。一国如何实现低碳经济发展，也存在采取什么样的组织形式、构建什么运行机制、运行原则以及包括实现目标、方式、发展重心、步骤等一系列问题。如何实现低碳经济的发展模式，也是本书研究的重点。

3.1.3.1 低碳经济发展的主要要素

（1）低碳经济发展价值取向。

是指对实现低碳经济发展目标、基本操作手段以及行为、态度和认知等取向，是区域发展低碳经济过程中所采取模式的共同特征。低碳经济发展价值取向是低碳发展，是在保证经济社会健康、快速和可持续发展的条件下最大限度地减少温室气体的排放。低碳发展，重点在低碳，目的在发展，是一种更具竞争力、更可持续的发展。

（2）低碳经济发展组织形式。

是指为实现低碳经济发展目标，经由分工合作、不同层次的权利和责任制度而构成的组织及组织联盟。低碳经济发展组织形式受经济发展水平、技术形式和现有组织状况等因素决定。

（3）激励约束机制。

即激励约束发展主体根据实现低碳经济发展目标，通过各种方式去激发人或组织动力，使其有一股内在的动力和要求，激发出积极性、主动性和创造性，同时规范其行为，朝着激励主体所期望的低碳经济发展目标前进的过程。激励约束机制是在一定环境条件下形成的，会依据环境和条件的变化发挥作用。

（4）低碳经济发展的手段与工具。

是指政府为实现低碳经济发展目标，所采取的经济手段、行政手段和法律手段。经济手段具有引导性和弹性，发挥主要作用；行政手段具有权威性、纵向性、无偿性及速效性；法律手段具有权威性、公开性和稳定性。

3.1.3.2 我国低碳经济发展的主要模式

（1）技术带动型。

节能减排必须依赖于技术发展与技术创新。这些低碳技术广泛涉及石油、化工、电力、交通、建筑、冶金等多个领域，包括煤的清洁高效利用、油气资源和煤层气的高附加值转化、可再生能源和新能源开发、传统技术的节能改造、CO_2捕集和封存等。通过强化节能实现CO_2减排，通过优化工艺路线、优化替代产品推进低碳经济，发展CO_2利用技术推进低碳经济。

（2）项目带动型。

由于受经济效益、转换成本、路径依赖等因素影响，低碳经济要在一国短期内得到大规模发展有相当大的难度。项目的一次性、独立性、时间性等特点为发展低碳经济提供了平台与载体，例如节能项目，风力发电项目，垃圾处理项目等。

（3）企业带动型。

企业是经济发展的主体，没有企业参与推动，低碳经济在我国就无法发展。企业带动发展低碳经济的思路与路径应该是：培育低碳经济创新领先企业，促进低碳经济产业组织变革，激发低碳技术在企业间扩散，注重管理创新，促进低碳技术产业内扩散，进行制度创新，促使低碳技术产业外扩散，实现低碳经济全面发展。

（4）非政府组织带动型

非政府组织是指处于政府与市场之间的社会组织，代表着社会中某个群体、阶层、集团的利益。在发展低碳经济方面，非政府组织正发挥着日益重要的作用。

（5）资本推动型。

"碳交易"是传统生产方式向绿色环保发生"全球性转变"的"方向标"。从经济学的角度看，碳交易应遵循科斯定理，即以二氧化碳为代表的温室气体需要治理，而治理温室气体则会给企业造成成本差异，既然日常的商品交换可看做是一种权利（产权交换），那么温室气体排放权也可进行交换。由此，借助碳权交易便成为市场经济框架下解决污染问题最有效率的方式。中国必须参与构建全球碳市场，同时发展低碳经济必须借助金融市场，只有充分发挥资本在资源配置中的主导作用，才能更好地带动资金和技术向低碳领域发展。

(6)消费引导型。

在不降低社会人群生活质量的前提下，在消费领域节能和减少 CO_2 排放具有巨大潜力。例如，建筑节能。我国城乡民用建筑能耗已占总能耗 20.7%。2004 年北方城镇建筑采暖、农村生活用煤占我国煤产量的 11.4%，建筑用电和其他(炊事、照明、家电、生活用电等)耗电占全国电耗的 27%~29%。预计到 2020 年全国城市人口比例将达到 56%，约新增 110×10^8 平方米以上需采暖的民用建筑，建筑及生活节能的主要目标是减少化石能源消耗，可以采用建筑物采暖、太阳能利用、推广节能灯等多种手段。我国建筑与国外建筑相比，保温能力差距较大，造成大量能量损失，也需要特别予以关注。

(7)政府推动型。

政府在推动低碳经济发展中扮演着重要的角色。很多发达国家制定了强有力的法规和经济措施，使得低碳经济在较短的时间内得到了迅速发展并取得了明显的社会经济成效。

(8)法律约束型。

政府通过立法和颁布对行业、部门的最低能效标准和排放标准以推动低碳经济发展。这种方式具有权威性、公开性和稳定性。例如美国对汽车以及大多数家用能源设施实施最低能源效率标准，对建筑和空调、冰箱等高耗能家用电器，不断提高节能标准。英国政府出台了可持续住房标准，分为 6 个等级限定能源效率和水效率的最小消费标准，对所有租赁和出售的建筑物将实行能源绩效证书管理制度(侯军岐，2010)。

3.2 林产工业产品产出率及能耗测算

3.2.1 单位锯材产出率的测算

锯材是以原木为原料，利用锯木机械或手工工具将原木进行去皮、刨削等粗加工，纵向锯成具有一定断面尺寸(宽度、厚度)的木材，并用防腐剂等物质浸渍木料，对木料进行化学处理。制材是用制材机械通过不同的锯解程序把原木按照锯材国家标准或订制任务要求锯成一定规格、一定技术条件、不同用途锯材的加工过程。制材厂的主要消耗指标见表3-1。

表3-1　制材厂锯材生产主要消耗指标

项目名称	建设规模(万立方米/年)		
	2	5	10
年耗原木(万立方米)	3	7.6	15.2
用水量(吨/小时)	1.5	2.5	3.0
单位电耗(千瓦小时/立方米)	20	26	26
用气量(吨/小时)	1.7	2.8	3.0

资料来源：中华人民共和国林业部. 制材厂建设标准[S]. 中华人民共和国林业部，1992.

目前，欧美、日本等发达国家和地区的现代化锯材加工企业，采用的都是一种高张紧带锯机，并且采用计算机选择科学设计及合理的下锯方式，其锯材出材率一般都在70%左右。有资料报道我国锯材出材率仅达到63%，与发达国家的先进水平尚有较大差距(海关统计资讯网，2011)。目前，我国大径级原木越来越少，生产的中小径原木越来越多，致使原木的直径越来越趋向小径化。因此，我国锯材出材率降低，并不是我国制材技术水平下降了。考虑我国每年大约进口3000万立方米左右原木，大部分是大径原木，几乎占我国原木产量的一半。如果按照锯材出材率为63%，生产1立方米锯材需要耗费1.57立方米原木。

3.2.2　木质人造板产出率及能耗的测算

木质人造板是以原木为原料，经一定机械加工分离成各种单元材料后，施加或不施加胶粘剂和其他添加剂胶合而成的板材或模压制品。人造板制造多使用阔叶材，主要原因在于阔叶木材质坚实，用以制造的人造板可用于造船工业、火车、汽车、家具以及建筑工业等。人造板种类很多，2009年中国人造板总产量为11546.65万立方米，其中纤维板3488.56万立方米，胶合板4451.24万立方米，刨花板1431.00万立方米，其他人造板2175.85万立方米(含细木工板1478.71万立方米)；人造板表面装饰板 25327.06 万平方米，热固性树脂装饰层压板 1640.00 万平方米，单板 2714.37 万立方米，木片 1285.81 万容积立方米，胶合木 325.95 万立方米(国家林业局，2010)。细木工板、人造板表面装饰板、热固性树脂装饰层压板属于人造板的后期加工产品。因此，本研究介绍四种主要的人造板类型：单板、胶合板、纤维板和刨花板。

3.2.2.1 单位单板产出率的测算

单板是以原木为原料，采用旋切、刨切或锯切的方法生产的木质薄片材料，其厚度通常为 0.4 ~ 10 毫米之间，主要用作生产胶合板和其他胶合层积材。2009 年中国单板总产量为 2714.37 万立方米，其中刨切单板 96.88 万立方米，微薄木 13.52 万立方米，旋切单板 2350.54 万立方米(国家林业局，2010)。这说明单板的主要品种是旋切单板。

单板的加工过程比较简单，包括原木划线及横锯、木段热处理、木段剥皮、木段定中心、旋切、干燥(网带干燥机)，最后成品。生产单板的需水量主要由原料(原木)的含水量和加工耗水两部分组成。

单板一般以阔叶原木为原料。我国很多胶合板厂将杨木作为胶合板原料。卢晓宁等(2000)对江苏建湖县人造板厂杨木单板出材率调查结果显示，杨木旋切单板综合出材率为 65.14% ~ 80.60% 之间，考虑到原木截断损耗和之前的工序损耗，杨木总的出材率在 45% ~ 60%，平均 52.5%。随着原木等级的下降，原木综合出单板率明显呈下降趋势。桉树作为南方地区的优良速生树种，也越来越多用于制作胶合板。任世奇等(2010)以 11 个 6 年生桉树无性系为材料测算其单板出材率在 16.28% ~ 48.27% 之间，综合平均为 35.52%，弯曲度是降低出材率的主要因素，弯曲度每增加 1%，出材率就降低 3.9% ~ 10.5%，同时木材密度、尖削度对出材率也有一定影响。上述两项研究在出材率上存在明显差异，其原因就在于原木的径级差异较大，卢晓宁等(2000)研究的杨木径级比较大，在 18 ~ 29 厘米之间；任世奇等(2010)研究的桉木径级比较小，在 10.3 ~ 12.3 厘米之间。旋切单板的工艺过程(包括设备刀具、定中心等)对出材率也有很大影响。综合各方数据，考虑原木径级变小的实际，可以设定单板综合出材率为 40%，这与将单位单板折算成原木常用的系数 2.5 立方米/立方米是一致的(国家林业局，2011)。

这样，生产 1 立方米单板需要耗费 2.5 立方米原木。

3.2.2.2 单位胶合板工艺及能耗的测算

2009 年中国胶合板总产量为 4451.24 万立方米，其中普通胶合板 3570.98 万立方米，特种胶合板 213.40 万立方米，竹胶合板 445.11 万立方米，单板层积材 221.74 万立方米（国家林业局，2010）。普通木质胶合板占大多数，因此，本研究选取普通木质胶合板为研究对象。

木质胶合板是由木段旋切成单板或由木方刨切成薄木，由不同纹理方向排列的三层或多层（一般为奇数层）单板，通过胶粘剂胶合而成的板状材料（陆仁书，1993）。胶合板是在单板的基础上，对单板进行施胶、组坯、预压、热压等一系列工序后生产而成的。胶合板生产的主要工序包括单板生产（原木划线及横锯、木段热处理、木段定中心、旋切、单板干燥）、单板施胶、组坯、板坯预压、热压、锯边、表面加工、成品。

据统计，现有经工商注册的大小胶合板企业逾 6000 家之多（郭青俊，2011），但具有实力并达到一定规模的企业却很少。按照 2006 年胶合板生产量测算，年产量达到 10 万立方米的企业约 22 家，年产量达到 2 万立方米以上的胶合板企业约 200 家，绝大多数企业规模很小（郭青俊，2011）。另据报道，2008 年我国胶合板类企业有 1600 多家，年产量达到 5 万立方米以上的企业有 350 家（李瑞林，2011）。以 2009 年我国胶合板总产量为 4451.24 万立方米和 1600 个厂家为基数，我国胶合板厂的平均生产规模 2.8 万立方米/年左右。

1992 年胶合板厂建设标准规定的主要消耗指标见表 3-2。在龙江森工集团绥棱林业局调研过程中，获得的调研数据是生产 105.21 立方米的胶耗是 239 千克，电耗是 188.74 千瓦小时，折算为 2 万立方米的胶耗是 45.43 吨，单位电耗是 1.79 千瓦小时/立方米。可见，1992 年出台的建设标准与目前企业的实际能耗数据出入很大，由于没有找到相关新的建设标准，本书仅将该标准作为一个参考。

表3-2 胶合板厂生产主要消耗指标

项目名称	建设规模(万立方米/年)	
	1	2
年耗原木(万立方米)	2.8	5.6
胶料用量(吨)	550	1100
单位用水量(立方米/立方米)	4	4
单位电耗(千瓦小时/立方米)	160	140
单位用气量(吨/立方米)	3.6	3.5

资料来源:中华人民共和国林业部.胶合板厂建设标准[S].中华人民共和国林业部,1992.

(1)胶合板生产中的原料测算。

由表3-2可见,胶合板生产中的原料主要是原木。胶料用量也比较大。目前,我国胶合板生产中常用的胶种是合成胶、酚醛树脂胶和脲醛树脂胶,其中以脲醛树脂胶用量最多。生产胶合板使用的脲醛胶固体含量一般为55%~60%,生产1立方米胶合板需要用脲醛胶约105千克(陆仁书,1993),用量较大。

(2)胶合板生产中加工过程直接耗水的测算。

单板生产(原木划线及横锯、木段热处理、木段定中心、旋切、单板干燥)工序的耗水主要产生在木段热处理。单板干燥要采用蒸汽加热干燥。

单板施胶之后,在组坯、板坯预压、热压、锯边以及表面加工等工序中,机械加工耗水量很少,但单板干燥、热压等工序需要使用大量的蒸汽,根据《胶合板厂建设标准》,胶合板厂生产用饱和蒸汽的工作压力应为1.3兆帕,全厂用气量:1.0万立方米/年规模宜为17吨/小时,其中生产用气量10吨/小时,2.0万立方米/年规模宜为29吨/小时,其中生产用气量19吨/小时。根据《胶合板厂建设标准》,1.0万立方米/年、2.0万立方米/年规模胶合板厂单位产品用水消耗指标均为4立方米/立方米。这样生产1立方米胶合板加工过程中的直接耗水量总计为4立方米/立方米。

(3)胶合板生产中加工过程电耗、煤耗的测算。

根据《胶合板厂建设标准》,1.0万立方米/年、2.0万立方米/年规模胶合板厂单位产品用电消耗指标分别为160千瓦小时/立方米、140

千瓦小时/立方米。2009 年中国胶合板产量为 4451.24 万立方米，2008 年我国胶合板类企业有 1600 多家，年产量达到 5 万立方米以上的企业有 350 家(李瑞林，2011)。总体上，胶合板单位产品用电消耗指标为 140 千瓦小时/立方米。

根据《胶合板厂建设标准》，1.0 万立方米/年、2.0 万立方米/年规模胶合板厂单位产品用汽消耗指标分别为 3.6 吨/立方米、3.5 吨/立方米。根据我国胶合板企业平均规模，取单位胶合板用汽消耗指标为 3.5 吨/立方米。

3.2.2.3 单位刨花板能耗的测算

木质刨花板是将小径木以及木材加工剩余物(如板皮、边条、工厂刨花)、采伐剩余物(如枝丫)等加工成刨花(或碎料)然后施加胶粘剂压制成的人造板材。2009 年中国刨花板总产量为 1431.00 万立方米，其中普通刨花板 1422.23 万立方米，水泥刨花板 0.69 万立方米，定向刨花板 4.07 万立方米，竹刨花板 4.00 万立方米(国家林业局，2010)。普通木质刨花板占据绝大部分，因此，通常都以普通木质刨花板为研究对象。普通木质刨花板的生产工序包括：刨花制备、刨花干燥、施胶、板坯铺装、预压、热压以及后续一系列处理工序。刨花板生产已由过去的电气流铺装改进为机械铺装，电耗明显降低。

(1)我国刨花板生产能力情况。

2008 年，我国总计有刨花板生产线 500 多条，总生产能力大约在 1200 万立方米/年，其中，年生产能力 1 万立方米以下的生产线共有 400 多条，占据全部生产线数量的 75% 以上，但是其生产能力却不到全部生产能力的 50%；年生产能力 1 万 ~5 万立方米的生产线共有 59 条，年总生产能力为 155.4 万立方米；年生产能力不小于 5 万立方米的生产线共有 59 条，年总生产能力共有 451 万立方米(胡广斌 等，2009)。这样，我国刨花板生产线的平均生产能力大致在 2.4 万立方米/年，2008 年我国刨花板产量 1142 万立方米，2009 年达到 1422.23 万立方米，发展很快，我国刨花板生产线的平均生产能力大致达到 3 万立方米/年左右。

(2)我国刨花板生产能耗情况。

刨花板生产主要消耗指标见表 3-3。

表3-3 刨花板厂生产主要消耗指标

项目名称	建设规模(万立方米/年)			
	0.5	1.5	3	5
年耗原木(万立方米)	0.72	2.1	4.2	7.0
胶料用量(吨)	360	1100	2100	3400
单位用水量(立方米/立方米)	2.0	1.5	1.2	1.0
单位电耗(千瓦小时/立方米)	390	280	250	220
单位用气量(吨/立方米)	2.5	2.0	1.7	1.6

资料来源:中华人民共和国林业部. 刨花板厂建设标准[S]. 中华人民共和国林业部, 1992.

制作刨花板的原料包括木材或木质纤维材料,胶粘剂和添加剂两类,前者占板材干重的90%以上。木材原料多取自林区间伐材、小径材(直径通常在8厘米以下)、采伐剩余物和木材加工剩余物等。加工成片状、条状、针状、粒状的木片、刨花、木丝、锯屑等,称碎料。理论上,刨花板的原料若是采伐剩余物、木材加工剩余物、林区间伐材(小径木)等是不需要考虑其能耗的。2009年我国普通刨花板的产量已达到1422.23万立方米,木材原料来源越来越以速生丰产林或工业人工林生产的小径材为主,尤其是我国刨花板企业中,中小型工厂数量很多,它们主要靠消耗当地的森林资源而生存。

(3)我国刨花板生产使用的胶粘剂和工艺情况。

生产刨花板除了大量耗费木材外,用胶量也较多。生产刨花板使用的胶粘剂最多的是甲醛类树脂胶,主要有脲醛树脂胶、酚醛树脂胶和三聚氰胺甲醛树脂,其中又以使用脲醛胶最多。刨花板用的脲醛树脂胶,一般固体含量约在60%左右,生产1立方米刨花板需要用脲醛胶约142千克(陆仁书,1994)。2012年3月在大兴安岭图强林业局调研时发现,生产1立方米刨花板需要用脲醛胶在125~135千克之间。

在刨花板的生产工序中,刨花制备主要是采用先削片再刨片方法,使用削片机和刨片机粉碎制作;刨花干燥主要是使用干燥机,用热的干空气吹过湿刨花表面,将刨花中所含的分转入空气并汽化带走;板坯铺装一般采用机械铺装;预压和热压过程相似,在冷压机里预压板坯,然后再在热压机里压制刨花板,最终制成一定密度和一定厚度的刨花板

（陆仁书，1994）。其中干燥、热压过程耗汽（耗水）量较大。目前我国刨花板生产线的平均生产能力约 3 万立方米/年，根据《刨花板厂建设标准》，3.0 万立方米/年规模刨花板厂单位产品用水消耗指标分别为 1.2 立方米/立方米。因此取刨花板单位产品用水消耗指标为 1.2 立方米/立方米。

3.2.2.4 单位纤维板能耗的测算

木质纤维板是以林区间伐材、采伐剩余物和木材加工剩余物、小径木等为原料经过切片、纤维分离、成型、热压或干燥等主要工序制成的一种人造板材。根据我国标准，纤维板按密度分三类：软质纤维板、中密度纤维板和硬质纤维板。2009 年中国纤维板总产量为 3488.56 万立方米，其中木质纤维板 3430.43 万立方米，非木质纤维板 58.14 万立方米；木质纤维板中软质纤维板 10.32 万立方米，中密度纤维板 3131.64 万立方米，硬质纤维板 288.47 万立方米（国家林业局，2010）。因此，本研究选取中密度纤维板为研究对象。

中密度纤维板是以小径级原木、采伐、加工剩余物为原料，经切片、蒸煮、纤维分离、干燥后施加脲醛树脂或其他适用的胶粘剂，再经热压后制成的一种人造板材。在实际生产中，中密度纤维板的密度约为 0.75 克/立方米。

中密度纤维板生产工艺分湿法、干法和半干法 3 种。目前，国内生产中密度纤维板主要采用干法生产（彭净宇等，1997）。干法生产工艺以空气为纤维运输载体，纤维制备是用一次分离法，一般不经精磨，需施加胶粘剂，板坯成型之前纤维要经干燥，热压成板后通常不再热处理。干法生产的特点是不用水而用气流作载体，主要工序包括削片、筛选和水洗、热磨、施胶、干燥、板坯成型、热压等。

2008 年年底，我国中密度纤维板生产线有 661 条，中密度纤维板总设计生产能力达到 3004.6 万立方米，这样，我国中密度纤维板生产线的平均生产能力大致在 4.55 万立方米/年，其中 2008 年新增的 65 条生产线总生产能力为 396 万立方米/年，平均生产能力 6.09 万立方米/年（肖小兵，2009）。2009 年底中密度纤维板总设计生产能力接近 3250 万立方米/年，产量达到 3131.64 万立方米，发展很快。因此，我国中密度纤维板生产线的平均生产能力大致达到 5 万立方米/年左右。中密度纤维板厂生产主要消耗指标见表 3-4。

制作纤维板的原料包括木材或木质纤维材料，胶粘剂和（或）添加剂两类，因其主要是由木质纤维素纤维交织成型并利用其固有胶粘性能制成，制造过程中可以施加胶粘剂和（或）添加剂，但用量较少。

表 3-4   中密度纤维板厂生产主要消耗指标

项目名称	建设规模（万立方米/年）		
	1.4	3	5
年耗原木（万立方米）	2.52	5.4	9
胶料用量（吨）	1300	2550	4250
单位用水量（立方米/立方米）	2.7	2.6	2.6
单位电耗（千瓦小时/立方米）	480	400	340
单位用气量（吨/立方米）	4.0	3.5	3.2

资料来源：中华人民共和国林业部. 中密度纤维板厂建设标准[S]. 中华人民共和国林业部，1992.

以黑龙江省林产工业中的木材加工及木、竹、藤、棕、草制品业、家具制造业、造纸及纸制品业为例，2009 年的煤、原油、石油、汽油、柴油、热力、电力等能源终端消费量见表 3-5。

表 3-5   分行业能源终端消费量

行业	煤合计（万吨）	原煤（万吨）	石油合计（万吨）	汽油（万吨）	柴油（万吨）	热力（万百万千焦）	电力（亿千瓦时）
木材加工及木、竹、藤、棕、草制品业	20.16	20.16	0.44	0.15	0.29	18.67	6.93
家具制造业	3.53	3.53	0.24	0.14	0.10	0.21	0.91
造纸及纸制品业	63.33	63.22	0.29	0.06	0.18	122.92	4.97

资料来源：黑龙江统计年鉴 –2009 [M]. 中国统计出版社，2009.

3.2.3   制浆和造纸能耗的测算

造纸过程中存在大量耗水。但考虑造纸生产中的水重复利用率，造纸生产中的实际耗水将大大降低。据近几年的资料表明，我国浆纸综合平均单位产品取水量接近 200 立方米/吨，其中化学浆为 190 立方米/

吨, 化学草浆为 270 立方米/吨, 纸和纸板 70 立方米/吨, 与国外相比相差很大(张瑞霞等, 2007)。这样, 可以设定, 制浆和造纸联合生产企业用水量 200 立方米/吨, 造纸企业用水量 70 立方米/吨。依据 2009 年制浆造纸及纸制品产业水重复利用率为 57.04% 来计算, 我国制浆和造纸联合生产企业实际耗水 85.92 立方米/吨, 造纸企业实际耗水 30.07 立方米/吨。这显然高于我国 2008 年发布的《制浆造纸工业水污染物排放标准(GB 3544—2008)》对现有制浆和造纸联合生产企业废水排放单位产品基准排水量规定为 60 立方米/吨, 现有造纸企业废水排放单位产品基准排水量规定为 20 立方米/吨。参照《造纸产业发展政策》(2007—71)提到的新建项目耗水量漂白化学木浆为 45 立方米/吨, 化学机械木浆为 30 立方米/吨, 新闻纸为 20 立方米/吨, 印刷书写纸为 30 立方米/吨(2010 年我国新闻纸产量占比 4.64%, 印刷书写纸产量占比 24.38%), 可以认为我国制浆和造纸联合生产企业实际耗水 85.92 立方米/吨, 造纸企业实际耗水 30.07 立方米/吨的设定是合理的。当然, 这与国外相比相差很大。世界最先进水平吨浆纸综合水耗 35 立方米, 其中吨纸水耗 10 立方米(国家经贸委, 2001)。

从木质林产品加工过程实际耗水量来看, 纸和纸板最高, 达到 85.92 立方米/吨, 其次是木浆, 达到 81.62 立方米/吨。人造板加工过程实际耗水量也比较高, 其中胶合板最高, 为 4 立方米/立方米, 其次是单板, 因单板多是中间产品, 若从传统三板来看, 其次是纤维板, 为 2.6 立方米/立方米, 刨花板最低, 为 1.2 立方米/立方米。

3.3 林产工业低碳经济发展的国际环境影响因素分析

在 2008 年金融危机之前中国的对外贸易顺差是 3000 多亿美元, 占国内生产总值比重的 7.5%~8%。2008 年金融危机对中国的对外贸易带来很大冲击, 虽然近些年外贸出口呈现增长势头, 自 2011 年开始, 受到人民币汇率升值以及欧债危机升级的影响, 中国外贸出口增速放缓, 2011 年中国的对外贸易顺差已降到 1150 亿美元, 占国内生产总值比重的 2%。受外需疲软、技术壁垒、成本上涨、用工难、汇率波动等多重不利因素的综合影响，国内林产工业企业接到的国外订单量也较以往有了很大下降。

受全球经济持续低迷的影响，欧美市场的需求锐减，同时，中国林产工业企业遭遇贸易保护壁垒。据悉，自 2012 年 7 月起，美国《复合木制品甲醛标准法案》中所规定的进口木制品甲醛限量标准大幅度提高，严格程度再创新高；而欧盟《原产国标签法》亦将于 2013 年生效。欧美提升环保标准，无疑增加了国内林产工业企业的生产和检测成本，形成了隐性的技术壁垒，制约产品出口。

3.3.1 对俄罗斯和美国的林木产品国际贸易契机分析

我国的木材进口量居世界首位。2011 年，我国进口木材（包括原木及板材）共计 7200 多万立方米，国内产量基本也在 7200 多万立方米，进口木材与国产木材约保持在 1∶1 的水平。我国是世界最大的木材进口国，同时也是世界最大的木制品出口国。在家具、各种人造板及木制品的出口量上，位居世界首位。下面主要针对主要的木材进口国和出口国进行分析。

（1）俄罗斯的巨大木材总储量为中国木材加工企业提供发展空间。

随着天保工程的实施，国有林区木材产量不断下调，因此逐年增加从俄罗斯进口的木材总量，保障林区林产工业原料需求，致使林区锯材行业、实木地板和家具行业的原材料优势不断下降。俄罗斯林业资源巨大，集中了全球四分之一的木材储量。而这一资源每年扩大数十万公顷。然而，俄罗斯的森林潜力远远没有得到充分利用。俄罗斯采伐的木材进行深加工的只有 20%。俄罗斯每年采伐的木材原料约为 2.2 亿立方米，而经过加工并获得各种各样的产品，根据各方数据显示，为 1.4 亿~1.7 亿立方米。俄罗斯的木材总储量约为 815 亿立方米，其半数为成熟林必须砍伐，否则便将失去其商品林的性质。而俄罗斯的森林工业没有加工全部成熟林木的能力。有些森林遭到火灾，出现了树皮害虫，如不及时砍伐，病虫害将蔓延。因此，任何形式的林业资源开发都会同时具有双重效果，不仅是经济效果，而且也同样具有自然保护效果。实际上，在该领域已经为各种形式的商业活动开辟了广阔的发展空间，这些商业活动包括森林采伐、储备、加工到半成品出口等。

（2）积极把握美国市场，通过关注客户和合作伙伴降低贸易风险。

美国一直是中国林产品生产和出口的最主要伙伴之一，2006 年、2007 年中国对美出口贸易额分别占 31.0% 和 28.6%，分别是日本的 2.3 倍和 2.5 倍。美国进口的人造板、木地板和家具等木材加工产品中，中国的产品几乎占了 50%。中国出口的林产品主要集中在几种木质林产品中，如 2007 年家具、木制品和人造板 3 类产品在 8 大类木质林产品出口中的比重高达 83%。如此大批量的产品涌向相对集中的市场，自然容易遭遇贸易摩擦。美进口商会对木材来源提出越来越详细的问题，生产和贸易企业能否吸引顾客取决于他们能对木材合法性提供的保证。美国客户填写报表时通常需要出口商提供有关材料，且很多情况下货物的所有权在通关前尚未转移给买方。因此，企业在进行林产品贸易时，要提前明确美方要求，多与进口商沟通，并事先达成协议，在尚未确定产品违反法案时，一旦发生问题要确保自身利益和正常贸易。此外，要注意选择合作伙伴。选择信誉好的长期合作伙伴，避免误用非法木材；与供应商签订合同时，要求供应商承担非法木材带来的法律责任，一旦被罚，共同承担；同时，企业在购买木材原材料时要考虑到非法采伐因素，索要美方认可的相关合法性证明。

3.3.2　影响林产工业产品出口的国际法规

3.3.2.1　森林认证体系

"森林认证"又称森林可持续经营的认证，是一种运用市场机制来促进森林可持续经营的工具。森林认证包括两个基本内容，即森林经营认证和产销监管链认证。森林经营认证是根据所制定的一系列原则、标准和指标，按照规定的和公认的程序对森林经营业绩进行认证，而产销监管链认证是对木材加工企业的各个生产环节，即从原木运输、加工、流通直至最终消费者的整个链进行认证。目前，FSC 和 PEFC 两个体系在做"森林认证"，通过"森林认证"的木材属合法木材。但就目前国际情况分析来看，做"森林认证"存在两大问题：第一，"森林认证"会增加成本。在森林保护比较好的地区，如北美洲、欧洲，森林认证做得较好，有"森林认证"木材标识。但是真正的森林遭到破坏的地区，如南美洲、非洲、东南亚等国家，做"森林认证"的意愿并不强。第二，做"森林认证"的木材量很小，根本供不上市场的需求量。目前，"森林认证"还是个长期的国际性问题。为了保护世界森林，我国也在积极推行森林认证，极力提倡使用合法木材。

在中国基于 ISO14000 的环境管理体系认证也已逐渐开展起来。木材认证也在兴起，主要包括基于 FSC 的木材认证和 PEFC 认证。

(1)基于 FSC 的木材认证。该认证包括森林经营认证和产销监管链认证，是在最终产品上贴有 FSC 标签，它证明生产这一木制品的木材是源自可持续经营的森林。FSC 林业砍伐协会成立于 1993 年。其目的是支持世界林业在环境上适当的、在社会上有益的和在经济上可行的管理。林业砍伐协会对木制品国际分类管理，这是北美和欧洲很多大型购买组织经常需求的，尤其是 DIY 链接。所有带有 FSC 标识的木制品已被独立认证其木材来源，这些木材达到国际认可的 FSC 原则和森林砍伐标准。

(2)PEFC 认证。全欧林业认证协会(PEFC)于 1999 成立。PEFC 是相互承认有效的国家和地区林业认证项目的一个组织，这些项目已被展示出满足国际上承认可持续性发展的林业管理的需要。超过 4700 万公顷的森林目前已被 PEFC 认证——在欧洲这是占支配地位的认证项目。

3.3.2.2 美国出台《雷斯法案》修正案

美方已决定将原定于 2009 年 10 月实施的《雷斯法案》第三阶段、2010 年 4 月实施的第四阶段全部推迟到 2010 年 9 月 1 日起施行，涉及产品包括刨花板、纤维板、胶合板、木浆与纸、木家具等。尽管美方农业部长在第 20 届中美商贸联委会上表示，雷斯法案不会给中方企业和出口商带来过多负担，但《雷斯法案》修正案相关条款隐藏的"地雷"，对中国林产品出口企业仍是一个严峻的挑战。中国林产品进出口企业必须尽快了解法案内容，及时把握有关规定要求、法案分段实施时限以及木材来源合法性认定标准等，深刻领会法案本身存在的制度缺陷和道德风险，特别关注法案的处罚细则和法规执行，明确法案管辖物种范围和进口商申报的产品范围，熟悉各国关于木材的相关法律，应用生产企业与供应商的产品供应链管理程序，掌握如何向进口商提供相关资料信息，如何获取木材合法性来源证明，以及企业权益合法性保护和受到处罚时的应对措施等，增强自己应对挑战的能力。

3.3.2.3 美国通过《复合木制品甲醛标准法案》

2010 年 7 月 7 日，美国总统奥巴马签署通过了《复合木制品甲醛标准法案》(S. 1660)，使其正式成为联邦法律。此法案是对《有害物质控制法案》(15U. S. C. 2601 ~ 2695d) 的修订，签署后成为其第 VI 章，它对在美国生产和售卖的硬木胶合板、刨花板以及中纤板等复合木制品中甲醛释放量设置了限量标准(表 3-6)。这些限量标准参照了 2007 年加州空气资源委员会(CARB)制定的《降低复合木制品甲醛释放的有毒物质空气传播控制措施》(ATCM)，其最终限量值与 ATCM 中的要求一致。此法案规定，其所设置的限量标准适用于在美国生产、售卖的硬木胶合板、中纤板以及刨花板，不论板材是处于未完工状态或已经成为已完工商品的一部分。2010 年在家具出口退税率提高和外部需求逐步回暖的作用下，我国主要林产品进出口贸易呈现出回升态势，但是美国是我国木制品家具最大的出口市场，S. 1660 法案的出台，无疑会给我国木制品家具行业造成极为不利的局面(刘卓钦等，2011)。

表 3-6　　S. 1660 法案对复合木制品甲醛释放量的阶段性要求(毫克/千克)

产品种类	实施日	至 2011. 7. 1 期间	2011. 7. 1 后	至 2012. 07. 01 期间	2012. 7. 1 后
单板芯硬木胶合板	0.05				
复合板芯硬木胶合板				0.08	0.05
刨花板		0.18	0.09		
中密度纤维板		0.21	0.11		
薄中密度纤维板				0.21	0.13
(<8毫米)					

3.3.2.4 2012 年欧盟出台新木材法

旨在约束我国木制家具出口的欧盟木材及木制品规例和新环保设计指令议案两项法规已正式通过。新木材法要求木材生产加工销售链条上的所有厂商，须向欧盟提交木材来源地、国家及森林、木材体积和重量、原木供应商的名称地址等证明木材来源合法性基本资料，非法木材及木制品将受严厉处罚。欧盟新木材法的出台意味着欧盟打击非法木材和扩大 EUP 指令适用范围的力度加大。

3.3.3 国外木质复合材料甲醛释放标准

2007 年 4 月 27 日，美国加利福尼亚州空气资源管理委员会（CARB）批准制定了/空气中有毒物质的控制措施（Airborne Toxic Control Measure，ATCM），以最有利的控制技术或更有效的控制方法，执行更严格的甲醛释放量标准。CARB 于 2008 年 4 月通过降低复合木制品甲醛排放的有毒物质空气传播控制措施，要求自 2009 年 1 月 1 日起对在该州出售使用的硬木胶合板、刨花板以及中密度纤维板等的甲醛排放量限定要求分别由原来的 0.2 微升/升降低为 0.08 微升/升（胶合板）、0.3 微升/升降低为 0.18 微升/升（刨花板）、0.3 微升/升降低为 0.21 微升/升（中密度纤维板）等。在此基础上，2010 年修订为《复合木制品甲醛标准法案》（S.1660），在美国销售的硬木胶合板、刨花板、中纤板、薄中纤板（<8 毫米）的最终限量分别为 0.05 毫克/千克、0.09 毫克/千克、0.11 毫克/千克、0.13 毫克/千克，使得美国成为世界上对复合木制品甲醛释放量要求最严格的国家。

欧共体国家对所有从国外进口的木质材料和制品作了一条强制性的规定，即甲醛释放量必须达到欧共体国家的标准，并统一授权由指定的权威检测机构检测和出具报告。在北美，有的国家在人造板产品上涂有醒目的颜色标志，让用户可以直观地看出产品甲醛释放的等级。欧洲标准 EN177 – 30 规定板材的级别。其实板材的级别指的是成品板材内含甲醛量的高低，其中 E0 级为最高级，环保指数最高，含甲醛量最少，≤0.5 毫克/升（属于世界顶级标准）；其次为 E1 级，≤1.5 毫克/升（符合欧洲标准）；E2 级为 ≤5.0 毫克/升（符合国内标准）。建筑管理部门明确规定，用于室内的人造板必须是 E1 级板，通常给出欧洲标准/EN1200、/EN717-10、/EN717-20、/EN717-30 标记，通过某些允许的处理方式对 E2 级板进行人工处理后使板的甲醛散发量达到 E1 级后可用欧洲标准标记加以区分。

目前，国际上绝大多数国家都是采用穿孔法和气体分析法来测量人造板的甲醛散发量。日本现行的中密度纤维板标准 EMB/IS－Ⅰ-Ⅱ-Ⅲ规定中密度纤维板分为 E1（≤9 毫克/100 克）、E2（≤30 毫克/100 克）；刨花板为 JISA590822003。规定的标准值见表 3-7。

表 3-7　日本中纤板和刨花板甲醛释放量限定值

等级	甲醛释放量（毫克/升）	
	平均值	最大值
F☆☆☆☆	0.3	0.4
F☆☆☆	0.5	0.7
F☆☆	1.5	2.1
F☆S	3	4.2
F☆	5	7
检测方法干燥器法	干燥法	

3.3.4　中国林产工业企业发展概况及应对策略分析

3.3.4.1　中国林产工业企业发展概况

2010 年木材产量恢复增长，达到 8089.62 万立方米，比 2009 年增长 14.45%。锯材产量持续增长，产量为 3722.63 万立方米，比 2009 年增长 15.26%。人造板产量快速增长，产量达到 15360.83 万立方米，比 2009 年增长 33.03%。其中，胶合板 7139.66 万立方米，比 2009 年增长 60.40%；纤维板 4354.54 万立方米，比 2009 年增长 24.82%；刨花板产量 1264.20 万立方米，比 2009 年下降 11.66%；其他人造板 2602.43 万立方米（细木工板占 63.49%），比 2009 年增长 19.61%。木竹地板产量快速增长，达到 4.79 亿平方米，比 2009 年增长 26.92%。其中，实木木地板 1.12 亿平方米，占全部木竹地板产量的 23.32%；复合木地板 2.68 亿平方米，占全部木竹地板的 55.97%；其他木地板 5979.62 万平方米，占全部木地板产量的 12.48%；竹地板 3940.40 万平方米，占全部木地板产量的 8.22%。2010 年，木浆产量 708 万吨，比 2009 年增长 28.49%。

全国木制家具总产量 26073 万件，比 2009 年增长 27.18% 目前，国家对于房地产的政策还将持续缩紧，房市也将持续萎靡，这无疑会对国内的家具市场需求造成严重打击。中国家具出口在世界家具贸易中依然占据了近 3 成份额。这说明除了欧美市场，国际家具市场的空间还很大，但是 2011 年家具企业出口订单下降两成以上，而以往特别受国外采购商欢迎的高档家具今年也遭受了前所未有的冷遇。

3.3.4.2 中国林产工业企业应对策略分析

全球经济增速放缓、各国消费不足、世界贸易增长乏力等因素导致各种形式的国际贸易保护主义重新抬头。近几年来，我国成为贸易保护主义的重灾区，仅木质林产品遭遇的所谓的"反倾销"、"反补贴"案件多达 15 件，此外还遭遇各种名目繁多的技术壁垒和绿色壁垒。欧盟是我国木制品出口的重要地区，欧盟新木材法的实施将提高我国木制品输欧准入门槛，必将对我国输欧木制品生产企业造成一定的冲击，因此需要引起足够的关注和重视。

在此，建议我国木制品出口企业要及时对法规进行全面认真的研究分析，既要客观评价其对进入欧盟产品的阻力，也要力图找出新规下的集中应对之策，并及时关注政府相关部门适时更新的预警信息；对于欧盟新木材法，企业在木制品原辅材料的选择上应保证来源合法，确保向欧盟输出木材和木制品的合法性证明等基本资料的齐全；相关企业应改进相关产品的环境绩效和生产链，提升用材的环保标准，优化整个生产流程，在非能耗产品方面的能源效率和节约资源成本方面尤其需要着力更多；检验检疫、商务等职能部门应发挥自身优势，在技术、信息、政策等方面有针对性地加强指导和帮扶，主动为企业保驾护航，提高企业抵抗风险的能力。

（1）调整林产品出口布局。

为了避免贸易危机，中国应在继续巩固美国市场的前提下，继续扩大欧洲、东亚市场，积极开拓中东、拉美和东欧市场，特别关注印度及东南亚等近年经济迅速发展的新兴市场，促进市场的多元化发展，合理有效分散林产品贸易企业的经营风险。

近几年，随着企业加大对环保的投入，加之各种能源、人工费等成本上涨，导致我国出口产品的成本越来越高。相比越南、印度、马来西亚、印度尼西亚等出口国，低成本的优势已不再明显，所以中国产品出口只拼价格是行不通的，必须优化贸易结构，改善加工贸易方式，延长产业链，扩大高附加值产品出口。大力发展服务贸易，扩大林业工程项目承包、劳务出口、调查规划设计咨询、信息服务以及森林旅游等传统服务出口；优化林业外贸合作结构，创建多边贸易体系。

(2)增强企业环境责任(含社会责任)和法律意识。

建立企业环境责任制度，树立企业环境形象，自觉抵制非法木材及其产品；加入全球森林和贸易网络，借助森林认证与产品监管链认证和国际木材合法性联合认定体系，获得进入国际市场的绿色通行证。

了解木材资源国、采购国的森林资源砍伐、运输、贸易等法规；购买原材料时索要相关合法性证明(目前有难度)，包括整个产销监管链的追溯性证明。企业要少用进口材和热带木材；减少采购俄罗斯、印尼等受到美国重点监控国家的木材，优先寻找供应美国或欧洲木材商的木材，或直接从加拿大、美国进口木材；尽量减少木材进口国别、渠道或减少树种采购种类，便于更好地收集相关凭证，履行"尽职调查义务"。

(3)加强企业生产管理。

建设供应链监管体系，包括原料、半产品、产品的存放监管和加工生产管理；创新技术水平、提高产品质量，成立商会协会、推动企业联合，培育出口品牌、扩大市场空间，建立预警机制、提供服务平台、加强信息交流，保护正常贸易、促进共同发展。

木制品家具出口制造业应提高质量责任意识，加强企业的管理水平，建立健全质量管理体系，加强对有毒有害物质和关键生产工艺的监管，严格把关采购原材料的质量，对原材料供应商备案登记，每批来料都应随附合格的检测报告，必要时要主动抽样送第三方机构检测，从源头消除产品质量隐患。

(4)开发绿色无害复合木制品。

S.1660 法案对甲醛释放量的高要求，对我国制胶业、人造板制造业、木制品家具出口制造业、第三方测试认证业都极具挑战性，相关企业、行业协会和政府机构都应积极面对。随着人们生活水平的提高和环保意识的增强，绿色无害的产品将越来越有市场，今天的美国标准很可能在不久的将来成为世界通行的要求。面对目前无甲醛和低甲醛人造板成本比较高的现状，制胶业和人造板制造业应加大科研投入、加快技术引进，尽快推广低成本的无甲醛或低甲醛产品，把握市场先机，提高企业竞争力，提升国产人造板的质量水平。

3.4 林产工业低碳经济发展的国内环境影响因素分析

3.4.1 国内木质复合材料甲醛释放标准

目前，我国现有人造板及饰面人造板各类标准 21 个，共有 39 个检验项目。为了控制甲醛的释放量，我国先后出台多项标准，2001 年 9 月，卫生部颁布了卫法监发［2001］255 号《室内空气质量卫生规范》、《木质板材中甲醛卫生规范》和《室内用涂料卫生规范》；11 月建设部颁布了 GB50325—2001《民用建筑工程室内环境污染控制规范》，同年 12 月，国家质量监督检验检疫总局颁布了十项《室内装饰装修材料有害物质限量》标准。

2002 年 11 月，国家质量监督检验检疫总局、卫生部和国家环境保护总局共同颁布了我国第一部室内空气质量标准 GB50325—2001《民用建筑工程室内环境污染控制规范》，该规范限定一类民用建筑工程(住宅、医院、老年建筑、幼儿园、学校教室等民用建筑工程)中游离甲醛浓度≤0.08 毫克/立方米，二类民用建筑工程办公楼、商店、旅馆、文化娱乐场所、书店、图书馆、展览馆、体育馆、公共交通等候室、餐厅、理发店等中游离甲醛浓度≤0.12 毫克/立方米，要求测量前关闭门窗 12 小时。

GB18584—2001《室内装饰装修材料木家具中有害物质限量》中规定木家具中的甲醛释放量(24 小时干燥器法) 应≤1.5 毫克/升；GB／T18883—2002《室内空气质量标准》中限定关闭门窗 12 小时后测量室内空气中的甲醛浓度，其限值为≤0.08 毫克/立方米。我国对甲醛释放量的限制出台了很多标准，见表 3-8。

表3-8 我国甲醛释放量限量的有关标准

序号	标准代号	标准名称
1	GB/T18883—2002	室内空气质量标准
2	GB18580—2001	室内装饰装修材料人造板及其制品中甲醛释放限量
3	GB18581—2001	室内装饰装修材料溶剂型木器涂料中有害物质限量
4	GB18582—2001	室内装饰装修材料内墙涂料中有害物质限量
5	GB18583—2001	室内装饰装修材料胶粘剂中有害物质限量
6	GB18584—2001	室内装饰装修材料木器家具中有害物质限量
7	GB18585—2001	室内装饰装修材料壁纸中有害物质限量
8	GB18586—2001	室内装饰装修材料聚氯乙烯卷材地板中有害物质限量
9	GB18587—2001	室内装饰装修材料地毯、地毯衬垫及地毯胶粘剂中有害物质限量
10	GB50325—2001	民用建筑工程室内环境污染控制规范

我国人造板及其制品甲醛释放量限量，根据 GB18580—2001 室内装饰装修材料人造板及其制品中甲醛释放限量见表 3-9（冒海燕等，2009）。

表3-9 我国人造板及其制品甲醛释放量

产品名称	试验方法	限量值	限量标志
中密度纤维板，高密度纤维板	穿孔萃取法	≤9.0 毫克/100 克	E1
刨花板，定向刨花板等		≤30 毫克/100 克	E2
胶合板，装饰单板贴面胶合板，细木工板等	干燥器法	≤1.5 毫克/升	E1
		≤5.0 毫克/升	E2
饰面人造板(包括浸渍纸层压木质地板，实木复合地板，竹地板，浸渍胶膜纸饰面人造板等	干燥器法	≤1.5 毫克/升	E1
	气候箱法	≤0.12 毫克/立方米	E1

注：E1 为可直接用于室内的人造板，E2 为必须饰面处理后允许用于室内的人造板。

3.4.2 国内强化复合地板国家标准

强化复合地板从欧洲引进以后，近几年得到了很大的发展。强化复合地板有许多优点，如木感强、耐磨性能好、铺设方便、色差小、板面的平整性好、不需要油漆等。因此，越来越受到消费者的欢迎。为了规范强化复合地板的市场，提高产品质量，保护消费者的利益，我国在2000年制定了国家标准 GB/T18102—2000《浸渍纸层压木质地板》。这个标准的发布，对强化复合地板的生产企业和市场上强化复合地板的质量好坏，是一个检验依据。GB/T18102—2000 标准，在检测项目、技术指标及试验方法主要参照了欧洲同类产品标准（EN13329）。十几年来，这个标准对规范市场、提高生产企业的产品质量起了很大的指导作用。但同时也发现这个标准与欧洲标准（EN13329）的差异和这个标准存在的不足。欧洲标准要在欧洲许多国家中执行，要想在欧洲许多国家的检验机构的数据达到一致，标准的要求应严密。要想使国内各检验机构所测的数据趋于一致，欧洲标准（EN13329）中的规定是值得借鉴的（吴德怀，2004）。

3.4.3 影响林产工业发展的相关规定和规划

3.4.3.1 国家出台新规鼓励进口

2012年4月30日国务院发布《关于加强进口促进对外贸易平衡发展的指导意见》，出台了包括加大财税政策支持、改善金融服务、完善管理措施、提高贸易便利化水平、加强组织领导等加强进口的一系列政策措施，要求在保持出口稳定增长的同时，更加重视进口，适当扩大进口规模，促进对外贸易基本平衡，是当前和今后一个时期对外贸易的基本任务。

在财税政策方面，《意见》提出，调整部分商品进口关税，降低部分能源原材料的进口关税，重点降低初级能源原材料及战略性新兴产业所需的关键零部件的进口关税。继续落实对来自最不发达国家部分商品进口零关税待遇，加快降税进程，进一步扩大零关税商品范围。

针对进口相关的金融服务，《意见》提出，提供多元化融资便利。对符合国家产业政策和信贷条件的进口合理信贷需求，积极提供信贷支持。完善进口信用保险体系和贸易结算制度。鼓励商业保险公司根据企业需要，研究开展进口信用保险业务。

《意见》还要求各地区、部门调整"奖出限进"、"宽出严进"的工作思路和政策体系，坚持进口和出口并重，坚持关税政策与贸易政策的紧密协调，认真落实财税、金融、管理等方面的支持政策（丁栋，2012）。

3.4.3.2　国家林业局出台林产品质量检验检测体系建设规划

2012年4月国家林业局出台了《全国林产品质量检验检测体系建设规划（2011～2020年）》。这是我国首个关于林产品检测体系建设的规划，将成为未来几年内规范我国林产品质量检验检测体系建设的指导性文件。

《规划》提出了我国林产品质检体系建设目标：到2015年，初步建立起布局合理、职能明确、专业齐全、运行高效的国家级林产品质量安全检验检测体系和运行机制。在建设任务安排上，以国家级质检机构建设为主。对现有质检机构进行整合，增加食用林产品、花卉、野生动物产品、林木转基因产品4个质检功能，使全国林产品质检机构的检测范围覆盖木竹材及其制品、林化产品、林业机械、林木种苗、食用林产品、花卉、野生动物产品、林木转基因产品8个类别林产品，基本满足各类林产品检验检测工作的需要。到2020年，建设91个国家级林产品检验检测中心和31个省级林产品检验检测中心，建成完善的林产品质量安全检验检测体系。在区域布局上，达到各主要林产品及主产区都有相应的质检中心；在检测范围上，能够满足对我国主要木质产品、林业机械、林化产品、食用林产品及其生产投入品、种苗、花卉，以及林业生态环境等质量安全监测和质量性能检测的需要，实现林产品生产过程到市场准入的全程质量安全检验检测；在检测能力上，满足国际标准、国家标准、行业标准和地方标准检测需要；在技术水平上，达到国际同类检验检测机构水平，并逐步实现检验检测结果的国际互认。

《规划》指出，我国林产品质检体系建设应充分考虑现有林产品质检机构的业务性质、技术水平以及地方主导产业特点，规划布局应突出林业质检机构的特色，遵循区省结合、分级布局的原则。全国林产品质检机构分为4个级别，即国家（局）级林产品检验检测中心、省级林产品检验检测中心、地（市）级林产品检验检测中心、县（市）级林产品检验检测站。

3.4.4 全国木材交易市场及基地建设情况

(1)全国最大木材交易市场在内蒙古满洲里开工建设。全国最大木材交易市场于 2012 年 4 月 18 日在内蒙古自治区满洲里市破土动工。据了解,满洲里木材交易市场项目由中国保利集团、荣者光电集团和满洲里联众木业有限责任公司共同投资建设,总投资 10.825 亿元人民币,分国内国外两部分建设。国内部分投资 5 亿元,在进口资源加工园区规划建设总占地 5 平方公里的木材现货交易市场、木材及木制品仓储中心、物流配送中心及各企业展示厅,同时为企业提供产品加工展示、仓储、仓单质押等综合服务。在俄罗斯境内投入 5.825 亿元,与俄罗斯境内 40 家木材年采伐能力在 20 万立方米以上的大型企业签订包销协议,与俄铁路部门签订合作协议,购买并租赁货运列车保证运力,同时在境内外设立 7 个办事机构。项目涉及木材采伐、生产、贸易、仓储、物流、融资、保险等全产业链条,建成后将可实现仓单质押、木材电子交易、木材大宗现货交易、木材中远期大宗交易等功能,将成为我国最大的俄罗斯进口木材及木材半成品现货和期货交易市场。其中国内部分建设期为 4 年,2012 年计划投资 4.5 亿元,开发建设 1 平方公里,实现市场全封闭,完成加工仓储中心、综合服务用房、木材质量检验评定中心等建设内容。

(2)全国首批木材战略储备基地示范项目 2012 年获得批准。我国是森林资源较贫乏的国家之一,森林覆盖率和森林单位面积蓄积量仅为世界平均水平的 67.2% 和 75.3%。我国又是木材消费大国,进口木材及产品占 40% 左右。为构建木材安全保障体系,增加木材蓄积储备和木材供给能力,国家林业局决定选取一批技术力量强、土地资源丰富、苗木储备充裕、集约经营水平较高的省份建设木材战略储备基地示范单位,福建、广西、广东、湖南、云南、河南、江西 7 省(自治区)入选。全国首批示范项目将建设高标准木材战略储备基地 141.89 万亩,项目总投资 10.1 亿元,其中中央投资 2.28 亿元,其余资金由地方配套、银行贷款、建设主体自筹解决。

3.4.5 黑龙江省人造板行业（刨花板）清洁生产标准

由黑龙江省环境保护厅提出、由黑龙江省环境保护科学研究院起草的《清洁生产标准人造板行业（刨花板）》于2010年10月发布。该标准规定了人造板行业（刨花板）企业清洁生产的一般要求。该标准将人造板行业（刨花板）清洁生产指标分为五类，即资源能源利用指标、产品指标、污染物产生指标、废物回收利用指标和环境管理要求。

该标准适用于省内人造板行业（刨花板）生产企业的清洁生产审核、清洁生产潜力与机会的判断、清洁生产绩效评定和清洁生产绩效公告。通过不断改进设计、使用清洁的能源和原料、采用先进的工艺技术与设备、改善管理、综合利用等措施，从源头削减污染，提高资源利用效率，减少或者避免生产、服务和产品使用过程中污染物的产生和排放，以减轻或者消除对人类健康和环境的危害。该标准给出了人造板行业（刨花板）生产过程清洁生产水平的三级技术指标。一级：国内清洁生产先进水平；二级：省内清洁生产先进水平；三级：省内清洁生产基本水平。人造板行业（刨花板）企业清洁生产标准涉及的定义包括：

（1）刨花板。刨花板是由木材碎料（木刨花、锯末或类似材料）或非木材植物碎料（亚麻屑、甘蔗渣、麦秸、稻草或类似材料）与施加（或不施加）胶粘剂一起热压而成的板材。

（2）综合能耗。指在刨花板生产计划统计期内，对实际消耗的各种能源，经综合计算后所得的能源消耗量。

（3）工艺废渣。指由刨花板生产过程和原料贮存过程中产生的废料（如废木片、废刨花、锯屑、砂光粉等）。

4

林产工业低碳经济发展的微观层面
影响因素分析

本章通过问卷调查的实证分析方法，利用 SAS9.0 版统计分析软件，从微观层面开展林产工业低碳经济发展的影响因素分析。

4.1 影响因素分析方法

4.1.1 描述性统计分析方法

描述性统计分析主要进行频数统计、均值及标准差计算，频数统计是用来考察样本中各项目取值的分布情况，均值和标准差分别是用来度量各项目取值的平均值和分散性。由于问卷调查的各个选项只是少数几个离散数据即属性数据，因此，对于属性数据的描述性统计指标就是它取各种数值的百分率。

4.1.2 关联性统计分析方法

在描述性统计分析的基础上进行影响因素关联性分析。影响因素关联性分析包括以下四个步骤：第一，确定被影响因素和可能的影响因素；第二，建立由被影响因素和影响因素形成的列联表；第三，根据每张列联表的单元观测数据形成一个数据集；第四，对数据集进行关联性的 χ^2 检验、Mentel-Haenszel 检验法和关联性度量。对于有序变量，研究者更关心有序变量之间是否存在有序关联性，采用 Mentel - Haenszel 检验法在发现有序关联方面将比 χ^2 检验法要敏感。变量间有序关联性的指标采用 Spearman Correlation 衡量。对于没有等级水平的变量，由于没有"标称 - 次序"型数据的测量，只好降级为"标称 - 标称"型数据的测量，采用克莱姆的 V 系数衡量（曲庆云等，2005）。

Spearman 等级相关分析是先分别给 X，Y 编秩，然后计算对应 X，Y 的秩次的差 d，最后计算等级相关系数，计算公式为：

$$r = 1 - \frac{6 \sum d^2}{n(n^2 - 1)} \quad (-1 \leqslant r \leqslant 1) \tag{4-1}$$

通过相关系数大小及"相关系数是 0"假设的概率值，来判断变量间的相关性。在显著水平 $\alpha = 0.05$ 情况下，当概率值 $p > 0.05$ 或相关系数 r 等于或接近 0 时，说明变量间无相关性。克莱姆 V 系数测量则是用 V 系数大小反映样本的相关系数大小，并用"行变量与列变量相互独立"假设下，由皮尔逊卡方和自由度计算出的概率值来确定推论到整体的情况。

4.2　调查问卷设计

调查问卷设计是从企业发展价值取向、组织形式、政策的激励约束作用、低碳技术应用、能耗、污染排放等几方面设计。其中，企业发展价值取向在《黑龙江省大小兴安岭林区林产工业企业管理者调查》问卷中设计，其他调查内容在《黑龙江省大小兴安岭林区林产工业企业发展现状调查》问卷中。2012 年 3 月在黑龙江省大兴安岭林产工业管理处、伊春市林产工业管理局的协助下开展问卷调查工作。

4.2.1　林产工业企业管理者调查问卷设计

该项调查的问卷正文设计包括：

（1）受访管理者基本情况。包括性别、年龄、受教育程度、单位所在地、职位、家庭人均月收入、理想的实现程度等 7 个结构性选择问题。

（2）受访管理者对企业发展方面的认知情况。包括为了利润而造成环境污染、资金投入到低碳经济方面、企业成功的标志、企业成功的最关键因素、所在行业、采取排污措施、对环境污染情况、低碳经济发展模式类型等 8 个结构性选择问题和企业规模、总产值及销售额、销售量等 4 个填空问题。

(3)属于开放性问题的意见和建议。企业发展价值取向取决于管理者的受教育程度、对环境保护的和企业发展的认知情况。调查的各项问题各有所侧重,受访管理者基本情况主要侧重于受访者素质和自我认知方面的调查;受访管理者对企业发展的认知情况侧重于受访者环保行为和经营行为倾向方面的调查;意见和建议作为主题内容最后的补充,是由受访管理者说明自己其他方面的态度或观点,以征询受访管理者对问卷设计或对问卷调查本身有何感受等等。本调查问卷设计所提供的选择性问题都是按其逻辑顺序进行排列,使不同水平的次序与逻辑次序保持一致。

4.2.2 林产工业企业调查问卷设计

该项调查的问卷正文设计包括:

(1)企业发展状况调查。包括所属行业 V1、企业规模 V2A、总产值 V2B 及销售额 VC2 和人均月收入 V2D、技术投入状况 V3(7 个填空问题)、主要污染物 V4、排污净化处理措施 V5、污染状况 V6、对工人身体健康的损害程度 V7、低碳环保技术采用情况 V8、最需要的低碳环保技术情况 V9、清洁生产情况 V10、品牌情况 V11、对行业了解程度 V12 等 10 个结构性选择问题和 11 个填空问题。

(2)林产工业企业组织方式情况。包括与同类企业之间的竞争情况 V13、与同类企业之间的合作程度 V14、与规模远大于本企业的同类企业之间的合作程度 V15、与规模远小于本企业的同类企业之间的合作程度 V16、纵向一体化程度 V17、横向一体化程度 V18、与同类企业的林产品差异化程度 V19、生产组织方式 V20、与同类产品竞争的主要体现 V21、技术投入占企业总投入的比例与同类企业相比较 V22、总投资中占最多的 V23、总投资中占最少的 V24、企业的长远发展能力 V25、发展的瓶颈因素 V26、所在行业的进入壁垒 V27、退出壁垒 V28 等 16 个结构性选择问题。

(3)林产工业企业低碳经济发展情况。包括低碳经济发展绩效表现 V29、低碳经济发展模式总体属于 V30、低碳经济前期发展模式 V31A、低碳经济中期发展模式 V31B、低碳经济后期发展模式 V31C、有效地实现节能减排目标的手段 V32、最需要政府哪方面的扶持 V33 等 6 个结构性选择问题。

(4)属于开放性问题的意见和建议。

4.3　描述性统计结果分析

4.3.1　企业管理者调查的总体描述性统计分析结果

《林产工业企业管理者调查》由于大小兴安岭地区下辖单位不同，因此根据第 4 题"单位所在地"的不同分为两种问卷：《大兴安岭地区林产工业企业管理者调查》问卷(见附录 3)和《林产工业企业管理者调查》(见附录 4)。

在大小兴安岭林区共发放问卷 380 份，获得有效问卷 365 份。企业管理者问卷调查数据整理过程如下：首先使用 Excel 软件录入调查问卷的原始数据，工作表中的一行记录反映一份问卷的数据，共形成 365 行 19 列(15 项选择问题和第 13 题包括的 4 项填空题)的数据表，其中第 4 题录入的选项以伊春林区问卷为主，大兴安岭地区问卷归入到"其他"；然后利用 SAS9.0 软件直接将数据导入形成 SAS 数据集，最后对 SAS 数据集进行描述性统计分析、关联性分析。样本项目取值及分布情况见表 4-1。

表 4-1 中的受访管理者基本情况数据表明，受访管理者绝大部分都是男性(占 84.1%)大专及以上学历占 73.4%，近一半是中层管理者，所期待的理想人生状态实现一半及以上者接近 30%。

表 4-1 中的受访管理者对企业发展的认知情况数据表明，47.8% 受访管理者基本赞同"在不被政府部门处罚的情况下，为了利润而造成环境污染是值得的"观点，94.3% 受访管理者不太赞同"有限的资金不值得投入到设备改造和低碳技术创新方面"，67.7 受访管理者认为企业成

功的最重要标志是拥有名牌产品、企业规模大、利润高，64.6%受访管理者认为企业成功的最关键因素是拥有先进的环保技术和名牌产品、高质量的管理团队，受访管理者所在行业主要是木制工艺品、人造板、家具，一半多受访管理者认为所在行业已经达到环保标准，不需要采取排污措施，87.2%受访管理者认为近五年来所在企业对环境污染不断减小和没有污染，73.4%受访管理者认为低碳经济发展模式类型属于政府推动型和消费引导型。

4.3.2 林产工业企业调查的总体描述性分析结果

《林产工业企业发展现状调查》共发放问卷 169 份，获得有效问卷 131 份。问卷调查数据整理过程如下：首先使用 Excel 软件录入调查问卷的原始数据，工作表中的一行记录反映一份问卷的数据，共形成 131 行 42 列(31 项选择问题和 11 项填空问题)的数据表，然后利用 SAS9.0 软件直接将数据导入形成 SAS 数据集，最后对 SAS 数据集进行描述性统计分析、关联性分析。

样本中的企业发展现状和林产工业企业组织方式项目取值及分布情况见表 4-2，林产工业企业低碳经济发展情况见表 5-5。

表 4-2 数据表明，一半多受访企业认为生产过程中对环境没有污染，同时没有知名品牌。受访管理者所在行业主要是木制工艺品、人造板、家具。

表 4-1 黑龙江省小兴安岭林区林产工业企业管理者调查问卷基本构成

项目名称		项目取值及分布情况(%)					
受访管理者基本情况	性别 V1	男 84.1	女 15.9				
	年龄 V2	19 岁以下	20～29 岁 5.9	30～39 岁 33.5	40～49 岁 44.7	50～59 岁 15.4	60 岁以上 .5
	受教育程度 V3	小学 0.3	初中 1.7	高中 24.6	大专 59.0	本科 13.5	研究生 0.9
	单位所在地 V4	美溪 5.4	乌马河 7.1	翠峦 4.6	友好 11.7	上甘岭 6.0	五营 2.7
		红星 4.1	新青 10.4	乌伊岭 3.8	南岔水解厂 1.4	伊春木材厂 2.2	友好厂 0.5 其他 42.0

(续)

项目名称		项目取值及分布情况(%)					
受访管理者基本情况	职位 V5	企业高层管理者 32.4	企业中层管理者 45.8	基层管理者 15.5	政府部门管理人员 6.4		
	家庭的月人均收入状况 V6	800 元以下 0	800~1500 元 14.9	1500~2500 元 44.5	2500~4000 元 33.8	6000~8000 元 3.1	8000~1 万元 1.8
		10000~15000 元 0.8	15000 元以上 0.8				
	理想人生 V7	完全实现 0.3	大部分实现 5.7	实现一半 23.7	一小部分实现 40.6	完全没实现 29.7	
受访管理者对企业发展方面的认知情况	企业只为利润 V8	非常赞同 0.6	比较赞同 4.9	一般赞同 42.3	不太赞同 51.6	不赞同 0.6	
	不值得投入到低碳技术 V9	非常赞同 0.8	比较赞同 1.0	一般赞同 3.9	不太赞同 46.1	不赞同 48.2	
	企业成功标志 V10	项目投资回报率高 18.4	拥有名牌产品 29.1	规模大，利润高 38.6	上市融资成功 3.7	先进的环保生产技术 10.2	
	企业成功的最关键因素 V11	先进的环保技术和名牌产品 34.1	具有强大的市场营销能力 17.7	具有背景和人脉关系 8.1	拥有高质量的管理团队 30.5	擅长资本运营 2.1	重视客户需求与满意度 7.5
	所在企业属于哪个行业 V12	人造板 28.4	家具 20.8	木地板 9.1	造纸业 1.0	锯材 1.3	
	采取排污净化处理措施 V14	木结构建筑 0.3	木制工艺品 39.1	林产化工 0			
	对环境的污染 V15	采取 32.8	没有采取 8.6	不需要 53.6	不知道 5.0		
	低碳经济模式 V16	愈来愈严重 0	较严重 0.3	没有变化 12.5	逐渐减少 32.6	减少很多 34.5	没有污染 20.1
		技术带动型 15.4	项目带动型 0.8	资本推动型 2.8	其他企业带动型 8.6	政府推动型 31.0	消费引导型 41.4

表4-2　黑龙江省大小兴安岭林区林产工业企业发展现状调查基本构成

项目名称	项目取值及分布情况(%)				
企业属于哪个行业 V1	人造板 22.3	家具 23.3	木地板 9.7	造纸业 1.0	锯材 1.0
	木结构建筑 3.0	木制工艺品 35.8	林产化工 2.9		
企业的主要污染物属于 V4	废水 8.7	废气 27.9	废渣 4.8	没有污染物58.6	
采取排污净化措施 V5	采取 44.3	没有采取 12.4	不需要 41.2	不知道 2.1	
对环境的污染状况 V6	很严重 0	较严重 0	没有变化 13.5	逐渐减少 28.8	减少很多 21.2
对工人身体健康的危害程度 V7	很严重	较严重	没有变化 5.9	逐渐减少 42.6	减少很多 26.7
采取的低碳环保技术情况 V8	非常多 0	比较多 10.8	一般 52.0	比较少 20.6	很少 3.9
最需要的低碳技术 V9	加工设备 20.2	添加剂 1.9	胶粘剂 38.5	排污净化 10.6	不知道 17.3
清洁生产水平情况 V10	国内清洁生产先进水平2.9	省内清洁生产先进水平12.6	省内清洁生产基本水平41.7	没有达到 29.2	不知道 13.6
产品的品牌情况 V11	国家名牌 2.9	省部级名牌 8.8	地方名牌 20.6	知名品牌 7.8	没有 59.9
对行业的了解程度 V12	非常熟悉 19.2	比较熟悉 61.5	有一定了解 15.4	不太了解 1.0	不了解 2.9
与同类企业之间的竞争 V13	非常激烈 10.5	比较激烈 59.0	一般激烈 25.7	不太激烈 4.8	不激烈 0
与同类企业之间的合作 V14	非常高 1.0	较高 1.9	一般 61.0	较低 1.0	很低 33.3
与规模大于本企业的合作程度 V15	非常高 0	较高 1.0	一般 54.8	较低 42.3	很低 1.9
与小规模企业的合作程度 V16	非常高 0	较高 0	一般 55.2	较低 41.9	很低 2.9
企业的纵向一体化程度 V17	非常高 0	较高 8.6	一般 57.9	较低 32.4	很低 1.9
企业的横向一体化程度 V18	非常高 3.8	较高 53.8	一般 41.3	较低 1.1	很低
与同类企业的差异化程度 V19	非常高 0	较高 3.8	一般 58.1	较低 35.2	很低 2.9

注：左侧纵向分类——企业发展现状（V1～V12）；林产工业企业组织方式（V13～V19）。

（续）

	项目名称	项目取值及分布情况（%）				
林产工业企业组织方式	企业的生产组织方式 V20	大批量生产 15.4	柔性化生产 48.1	大批量 35.6	其他 1.0	
	企业的林产品与同类产品的竞争 V21	价格 56.0	品牌 12.0	售后服务 1.0	环保 2.0	技术 12.0
	技术投入(占企业总投入的比例 V22)	非常高 0	较高 13.5	一般 51.9	较少 28.8	很少 5.8
	在企业的总投资中占最多的是 V23	固定资产 27.2	产品生产 58.7	产品研发 6.5	人员培训 4.3	市场营销 3.3
	在企业的总投资中占最少的是 V24	固定资产 3.8	产品生产 1.9	产品研发 15.2	人员培训 56.2	市场营销 21.9
	企业的长远发展能力 V25	非常好 5.7	较好 44.8	一般 36.2	较差 13.3	很差 0
	企业发展的瓶颈因素 V26	资金 30.4	国家政策 15.2	地方政策 0	技术 1.1	木材资源 53.3
	所在行业的进入壁垒 V27	非常高 1.9	较高 2.9	一般 46.7	较低 42.9	很低 5.6
	所在行业的退出壁垒 V28	非常高 2.9	较高 47.6	一般 45.7	较低 2.8	很低 1.0

4.3.3　林产工业主要行业基本情况的描述性统计分析结果

下面主要介绍调查问卷中的人造板、家具、木制工艺品行业的基本状况：

4.3.3.1　人造板企业总体状况

问卷调查的人造板企业共有 22 家。22 家企业现状的基本构成见表 4-3。

表 4-3 黑龙江省大小兴安岭林区人造板企业现状的基本构成表

项目名称	项目取值及分布情况(%)					
企业的主要污染物属于 V4	废水 36.4	废气 50.0	废渣 4.5	没有污染物 9.1		
采取排污净化措施 V5	采取 86.4	没有采取 0	不需要 13.6	不知道 0		
对环境的污染状况 V6	很严重 0	较严重 0	没有变化 4.5	逐渐减少 31.8	减少很多 54.6	没有污染 9.1
对工人身体健康的危害程度 V7	很严重 0	较严重 0	没有变化 0	逐渐减少 42.9	减少很多 47.6	没有危害 9.5
采取的低碳环保技术情况 V8	非常多 0	比较多 4.6	一般 63.6	比较少 27.3	很少 4.5	没有 0
最需要的低碳技术 V9	加工设备 0	添加剂 0	胶粘剂 100.0	排污净化 0	不知道 0	不需要 0
清洁生产水平情况 V10	国内清洁生产先进水平 9.0	省内清洁生产先进水平 4.6	省内清洁生产基本水平 81.8	没有达到 4.6	不知道 0	
产品的品牌情况 V11	国家名牌 4.5	省部级名牌 4.6	地方名牌 27.3	知名品牌 9.1	没有 54.5	
对行业的了解程度 V12	非常熟悉 45.5	比较熟悉 40.9	有一定了解 9.1	不太了解 0	不了解 4.5	

4.3.3.2 家具企业总体状况

问卷调查的家具企业共有 24 家。24 家企业现状的基本构成见表 4-4。

表 4-4 黑龙江省大小兴安岭林区家具企业现状的基本构成表

项目名称	项目取值及分布情况(%)					
企业的主要污染物属于 V4	废水 75.0	废气 12.5	废渣 12.5	没有污染物 0		
采取排污净化措施 V5	采取 70.8	没有采取 16.7	不需要 4.2	不知道 8.3		
对环境的污染状况 V6	很严重	较严重	没有变化 8.4	逐渐减少 45.8	减少很多 37.5	没有污染 8.3
对工人身体健康的危害程度 V7	很严重 0	较严重 0	没有变化 0	逐渐减少 54.2	减少很多 37.5	没有危害 8.3
采取的低碳环保技术情况 V8	非常多 0	比较多 41.7	一般 41.7	比较少 12.5	很少 4.1	没有 0

（续）

项目名称	项目取值及分布情况（%）					
最需要的低碳技术 V9	加工设备 29.2	添加剂 8.3	胶粘剂 8.3	排污净化 45.8	不知道 4.2	不需要 4.2
清洁生产水平情况 V10	国内清洁生产先进水平 4.2	省内清洁生产先进水平 45.8	省内清洁生产基本水平 29.2	没有达到 8.3	不知道 12.5	
产品的品牌情况 V11	国家名牌 8.3	省部级名牌 20.8	地方名牌 8.3	知名品牌 12.5	没有 50.1	
对行业的了解程度 V12	非常熟悉 12.5	比较熟悉 87.5	有一定了解 0	不太了解 0	不了解 0	

4.3.3.3 木制工艺品企业总体状况

问卷调查的木制工艺品企业共有 37 家。37 家企业现状的基本构成见表 4-5。

表 4-5 黑龙江省大小兴安岭林区木制工艺品企业现状的基本构成表

项目名称	项目取值及分布情况（%）					
企业的主要污染物属于 V4	废水 00	废气 0	废渣 0	没有污染物 100		
采取排污净化措施 V5	采取 8.1	没有采取 18.9	不需要 62.2	不知道 10.8		
对环境的污染状况 V6	很严重 0	较严重 0	没有变化 10.8	逐渐减少 27.0	减少很多 2.7	没有污染 59.5
对工人健康的危害程度 V7	很严重 0	较严重 0	没有变化 5.4	逐渐减少 43.2	减少很多 8.1	没有危害 43.3
采取的低碳环保技术情况 V8	非常多 0	比较多 0	一般 48.7	比较少 18.9	很少 8.1	没有 24.3
最需要的低碳技术 V9	加工设备 16.2	添加剂 0	胶粘剂 35.2	排污净化 0	不知道 27.0	不需要 21.6
清洁生产水平情况 V10	国内清洁生产先进水平 0	省内清洁生产先进水平 2.7	省内清洁生产基本水平 27.0	没有达到 46.0	不知道 24.3	
产品的品牌情况 V11	国家名牌 0	省部级名牌 5.5	地方名牌 16.7	知名品牌 2.8	没有 75.0	
对行业的了解程度 V12	非常熟悉 8.1	比较熟悉 62.2	有一定了解 21.6	不太了解 2.7	不了解 5.4	

表4-3至表4-5的数据对比分析发现，木制工艺品生产企业认为没有污染，不需要采取排污净化措施，而人造板和家具行业分别有86.4%和70.8%企业采取排污净化措施，人造板、家具行业最需要的低碳技术分别是胶粘剂（需要率100%）、排污净化（需要率45.8%），人造板行业达到清洁生产水平率最高（为95.4%），木制工艺品仅有29.4%，36.4%的人造板企业拥有名牌产品称号，37.4%的家具企业拥有名牌产品称号，木制工艺品行业仅有22.2%企业拥有名牌产品称号（缺少国家级名牌产品）。

4.3.4 林产工业主要行业技术投入情况的描述性统计分析结果

林产工业主要行业包括人造板、家具、木地板、木结构建筑、木制工艺品等，这些行业的技术投入情况见表4-6。表4-6数据表明，家具行业的平均规模(231人)、总产值、销售额和人均月收入均为最高，木制工艺品企业的平均技术投入总额和专利项目最高，木结构建筑企业的平均技改项目最高，木地板行业的引进项目最高，家具行业的发明项目、拥有的技术人员和出口额是最高的。

表4-6 林产工业主要行业平均发展及技术投入情况

所属行业	平均每个企业的基本状况及技术投入情况										
	规模	总产值	销售额	人均月收入	技术投入总额	技改项目	引进项目	发明项目	专利项目	技术人员	出口额
人造板	125	2328	2291	1094	163.6	1.2	0.3	0.14	0.05	10.7	0
家具	231	4166	3852	1745	636.4	1.6	0.6	0.3	0.08	41.2	622.4
木地板	96	1016	872	1435	34.7	0.9	0.9	0.1	0	9.5	5.0
木结构建设	82	933	833	1400	79.3	2.7	0	0	0	14.7	0
木制工艺品	111	292	254	1541	588.6	1.5	0.3	0.2	0.1	6.8	10.7

单位：人、万元、万元、元、万元、个、人、人、人、人、万元。

4.4 基于关联性分析的影响因素筛选及分析结论

为了找出企业价值取向、企业组织方式对企业低碳经济发展的显著影响因素，需要在企业价值取向包括的 10 个变量、企业自身状况包括的 4 个变量（V5、V8、V10、V11）、企业组织方式包括的 16 个变量（V13～V28）与企业低碳经济发展方面的 4 个指标之间进行关联性分析，分析工作量很大。由于企业价值取向、企业自身状况和企业组织方式等 3 个方面所包括的各指标之间可能存在关联性，因此，首先需要分别对这三个方面的具体指标进行两两关联性分析，保留相对独立性较高的指标，然后再进行影响因素分析。

4.4.1 基于关联性分析的企业价值取向指标筛选及分析结论

企业价值取向包括管理者基本情况 7 个指标和对企业发展认知情况 7 个指标。首先对管理者基本情况 7 个指标进行两两关联性分析，筛选具有较高独立性的指标；然后对企业发展认知情况 7 个指标（不包括企业低碳经济发展模式 V16）进行两两关联性分析，筛选具有较高独立性的指标；最后将筛选后的指标与低碳经济发展模式指标 V16 进行关联性分析。

4.4.4.1 管理者基本情况 7 个指标的筛选

对管理者基本情况 7 个指标进行两两关联性分析，各指标间的卡方检验显著性概率及 Spearman 相关系数见表 4-7。

对表 4-7 的数据分析发现，在显著性水平 $\alpha = 0.05$ 的情况下，V1 与 V2、V5、V7 之间存在显著关联，V2 与 V3、V5、V6、V7 之间存在显著关联，V3 与 V4、V6、V7 之间存在显著关联，V4 与 V5、V6、V7 之间存在显著关联，V5 与 V6、V7 之间存在显著关联，V6 与 V7 之间存在显著关联。因此，保留 V3、V5 等 2 个变量。Spearman 相关系数用于衡量有序变量间的相关程度，相关程度达到 0.2 以上的主要分析结论：年龄越大的受教育程度越高的管理者收入越高，收入越高的管理者越是很好地实现人生理想。

表 4-7   企业投入及发展指标的无关联性检验及关联度测量

管理者基本情况指标	卡方检验显著性概率及 Spearman 相关系数						
	V1	V2	V3	V4	V5	V6	V7
V1		0.002	0.56	0.32	0.02	0.09	0.005
	1	− 0.20	− 0.03	0.13	0.06	− 0.13	− 0.15
V2	0.002		< 0.0001	0.26	< 0.0001	< 0.0001	< 0.0001
	− 0.20	1	0.01	− 0.001	− 0.19	0.22	− 0.10
V3	0.56	< 0.0001		0.02	0.15	< 0.0001	< 0.0001
	− 0.03	0.01	1	0.06	− 0.01	0.19	− 0.01
V4	0.32	0.26	0.02		0.0002	0.02	< 0.0001
	0.13	− 0.001	0.06	1	− 0.20	− 0.11	− 0.21
V5	0.02	< 0.0001	0.15	0.0002		< 0.0001	< 0.0001
	0.06	− 0.19	− 0.01	− 0.20	1	− 0.02	0.12
V6	0.09	< 0.0001	< 0.0001	0.02	< 0.0001		< 0.0001
	− 0.13	0.22	0.19	− 0.11	− 0.02	1	− 0.10
V7	0.005	< 0.0001	< 0.0001	< 0.0001	< 0.0001	< 0.0001	
	− 0.15	− 0.10	− 0.01	− 0.21	0.12	− 0.10	1

4.4.1.2   对企业发展认知情况 7 个指标的筛选

对企业发展认知情况 7 个指标进行两两关联性分析，各指标间的卡方检验显著性概率及 Spearman 相关系数见表 4-8。

表 4-8   企业投入及发展指标的无关联性检验及关联度测量

对企业发展认知情况指标	卡方检验显著性概率及 Spearman 相关系数						
	V8	V9	V10	V11	V12	V14	V15
V8		< 0.0001	< 0.0001	< 0.0001	< 0.0001	< 0.0001	0.0004
	1	0.67	− 0.23	− 0.33	0.35	− 0.29	− 0.19
V9	< 0.0001		< 0.0001	< 0.0001	< 0.0001	< 0.0001	0.024
	0.67	1	− 0.27	− 0.39	0.24	− 0.35	− 0.10
V10	< 0.0001	< 0.0001		< 0.0001	< 0.0001	< 0.0001	< 0.0001
	− 0.23	− 0.27	1	0.29	− 0.06	0.18	− 0.003
V11	< 0.0001	< 0.0001	< 0.0001		< 0.0001	< 0.0001	< 0.0001
	− 0.33	− 0.39	0.29	1	− 0.07	0.47	0.05
V12	< 0.0001	< 0.0001	< 0.0001	< 0.0001		< 0.0001	< 0.0001
	0.35	0.24	− 0.06	− 0.07	1	0.004	− 0.34

（续）

对企业发展认	卡方检验显著性概率及 Spearman 相关系数						
知情况指标	V8	V9	V10	V11	V12	V14	V15
V14	<0.0001	<0.0001	<0.0001	<0.0001	<0.0001		<0.0001
	-0.29	-0.35	0.18	0.47	0.004	1	0.17
V15	0.0004	0.024	<0.0001	<0.0001	<0.0001	<0.0001	
	-0.19	-0.10	-0.003	0.05	-0.34	0.17	1

对表 4-8 的数据分析发现，在显著性水平 $\alpha = 0.05$ 的情况下，V8 与 V9、V10、V11、V12、V14、V15 之间具存在显著关联性，相关程度在 0.1 以下的变量包括 V10 与 V12、V11 与 V12 和 V15、V12 与 V14，由于 V10 与 V11、V12 与 V15 关联系数较高。因此，保留 V10、V15 等 2 个变量。

Spearman 相关系数达到 0.2 以上的主要分析结论：

（1）越不赞同"在不被政府部门处罚的情况下，为了利润而造成环境污染是值得的"观点的受访管理者越倾向于不赞同"有限的资金不值得投入到设备改造和低碳技术创新方面"观点。

（2）越不赞同"在不被政府部门处罚的情况下，为了利润而造成环境污染是值得的"观点的受访管理者越倾向认为企业成功的最重要标志是投资回报率高、拥有名牌产品、企业规模大、利润高，并且认为企业成功的最关键因素是拥有先进的环保技术和名牌产品、强大的市场营销，越倾向于采取排污措施的受访管理者越认为近五年来所在企业对环境污染并没有不断减小和没有污染。

4.4.2 基于关联性分析的企业自身发展指标筛选及分析结论

企业自身状况包括排污净化处理措施 V5、低碳环保技术采用情况 V8、清洁生产情况 V10、品牌情况 V11 等 4 个变量，对这 4 个指标进行两两关联性分析的卡方检验显著性概率及 γ 统计值见表 4-9。

表4-9 企业发展的无关联性检验及关联度测量

企业发展指标	卡方检验显著性概率及 Spearman 相关系数			
	V5	V8	V10	V11
V5	1	<0.0001 0.53	<0.0001 0.75	0.09 0.40
V8	<0.0001 0.53	1	<0.0001 0.59	0.0002 0.30
V10	<0.0001 0.75	<0.0001 0.59	1	<0.0001 0.52
V11	0.09 0.40	0.0002 0.30	<0.0001 0.52	1

对表 4-9 的数据分析发现,在显著性水平 $\alpha = 0.05$ 的情况下,V5 与 V8、V10 之间的关联度较高(关联系数分别是 0.53 和 0.75,说明采取排污净化措施越多的企业,采取的低碳环保技术也越多,清洁生产水平也越高),V8 与 V10、V11 之间的关联度较高,V10 与 V11 之间的关联度较高(关联系数是 0.52,说明清洁生产水平越高,获得的名牌等级也越高),V5 与 V11 之间没有关联。因此,保留 V5 与 V11 等 2 个变量。

4.4.3 基于关联性分析的企业组织方式指标筛选及分析结论

企业组织方式包括的 16 个变量分为两个方面:企业之间的合作与差异情况和投入及发展情况。

4.4.3.1 企业之间的合作与差异情况指标筛选结果

企业之间的合作与差异情况包括 7 个指标(V13 ~ V19),对 7 个指标进行两两关联性分析的卡方检验显著性概率及 γ 统计值见表 4-10。

对表 4-10 的数据分析发现,在显著性水平 $\alpha = 0.05$ 的情况下,V13 与其他变量没有关联,V14 与 V15、V16、V17 关联度较高,而且 V14 与 V17 负关联,即企业之间的合作程度越高,对供应商或销售商的控制程度越低;V15 与 V16 显著关联,V18 与 V19 显著关联。因此,保留 V13、V15、V17、V18 等 4 个变量。

表 4-10　企业之间的合作与差异指标的无关联性检验及关联度测量

合作与差异程度指标	卡方检验显著性概率及 γ 统计值						
	V13	V14	V15	V16	V17	V18	V19
V13		0.95	0.11	0.11	0.12	0.69	0.42
	1	0.02	-0.17	-0.15	0.83	-0.34	0.10
V14	0.95		0.05	0.03	<0.0001	0.09	0.24
	0.02	1	0.71	0.51	-0.68	-0.43	0.42
V15	0.11	0.05		0.003	0.24	0.33	0.45
	-0.17	0.71	1	0.98	-0.51	-0.44	-0.28
V16	0.11	0.03	0.003		0.15	0.38	0.64
	-0.15	0.51	0.98	1	-0.52	-0.34	0.24
V17	0.12	<0.0001	0.24	0.15		0.40	0.43
	0.83	-0.68	-0.51	-0.52	1	-0.23	0
V18	0.69	0.09	0.33	0.38	0.40		0.02
	-0.34	-0.43	-0.44	-0.34	-0.23	1	0.90
V19	0.42	0.24	0.45	0.64	0.43	0.02	
	0.10	0.42	-0.28	0.24	0	0.90	1

　　相关系数达到 0.5 以上的存在显著性关联的变量包括 V14 与 V15、V16、V17 以及 V15 与 V16、V18 与 V19。通过对表 4-10 的上述变量进行分析，得到如下结论：

　　(1)企业之间的合作程度越高，与规模大于本企业或小于本企业的企业之间的合作程度也越高，即企业之间的合作程度与企业规模大小无关；同时，对供应商或销售商的控制程度越低。

　　(2)横向一体化(对竞争对手的控制)程度越低，与同类企业的产品差异化程度也越低。

4.4.3.2　投入及发展情况指标筛选结果

　　投入及发展情况包括 8 个指标(V21～V28)，对 8 个指标进行两两关联性分析的卡方检验显著性概率及 γ 统计值见表 4-11。

表 4-11 企业投入及发展指标的无关联性检验及关联度测量

突入与发展指标	卡方检验显著性概率及 γ 统计值							
	V21	V22	V23	V24	V25	V26	V27	V28
V21	·	0.14	0.39	0.0004	0.06	<0.0001	0.98	0.63
	1	-0.25	-0.28	-0.15	0.03	0.03	-0.12	0.52
V22	0.14		0.99	0.01	<0.0001	0.63	0.11	0.24
	-0.25	1	0	0.34	0.64	0.02	0.38	0.14
V23	0.39	0.99		0.13	0.46	0.43	0.01	0.005
	-0.28	0	1	0.19	0.11	-0.12	0.82	0.81
V24	0.0004	0.01	0.13		0.008	<0.0001	0.02	0.46
	-0.15	0.34	0.19	1	0.32	-0.11	0.24	0.24
V25	0.06	<0.0001	0.46	0.008		0.002	0.11	0.01
	0.03	0.64	0.11	0.32	1	0.02	0.17	-0.03
V26	<0.0001	0.63	0.43	<0.0001	0.002		0.33	0.32
	0.03	0.02	-0.12	-0.11	0.02	1	-0.06	-0.26
V27	0.98	0.11	0.01	0.02	0.11	0.33		<0.0001
	-0.12	0.38	0.82	0.24	0.17	-0.06	1	0.73
V28	0.63	0.24	0.005	0.46	0.01	0.32	<0.0001	
	0.52	0.14	0.81	0.24	-0.03	-0.26	0.73	1

对表 4-11 的数据分析发现, 在显著性水平 $\alpha = 0.05$ 的情况下, V21 与 V24、V26 存在显著关联; V22 与 V24、V25 关联度较高; V23 与 V27、V28 显著关联而且关联度较高, 大于 0.8; V24 与 V25、V26 存在显著关联性; V25 与 V26、V28 存在显著关联性; V27 与 V28 显著关联而且关联度是 0.73。因此, 保留 V21、V22、V23 等 3 个变量。

相关系数达到 0.3 以上的存在显著性关联的变量包括 V22 与 V24 和 V25、V23 与 V27 和 V28、V27 与 V28。通过对表 4-11 的上述变量进行分析, 得到如下结论:

(1)企业技术投入越低, 在人员培训和市场营销方面投入也越少, 同时, 企业的长远发展能力也越差。

(2)在固定资产和产品研发方面投入越高, 所在行业进入壁垒也越高, 退出壁垒也越高。

(3)行业进入壁垒越高, 退出该行业的壁垒也越高。

4.4.4 基于关联性分析的低碳经济发展模式指标筛选及分析结论

低碳经济发展模式包括的 7 个变量(V29、V30、V31a、V31b、V31c、V32、V33)。对 7 个指标进行两两关联性分析的卡方检验显著性概率及 Spearman 相关系数见表 4-12。

表4-12　企业投入及发展指标的无关联性检验及关联度测量

低碳经济发展模式指标	卡方检验显著性概率及 Spearman 相关系数						
	V29	V30	V31a	V31b	V31c	V32	V33
V29		<0.0001	<0.0001	<0.0001	<0.0001	<0.0001	<0.0001
	1	0.91	0.93	0.89	0.89	0.93	0.92
V30	<0.0001		0.001	<0.0001	<0.0001	<0.0001	<0.0001
	0.91	1	0.98	0.99	0.99	0.99	0.99
V31a	<0.0001	0.001		<0.0001	<0.0001	<0.0001	<0.0001
	0.93	0.98	1	0.97	0.94	0.99	0.99
V31b	<0.0001	<0.0001	<0.0001		<0.0001	<0.0001	<0.0001
	0.89	0.99	0.97	1	0.97	0.99	0.94
V31c	<0.0001	<0.0001	<0.0001	<0.0001		<0.0001	<0.0001
	0.89	0.99	0.94	0.97	1	0.95	0.98
V32	<0.0001	<0.0001	<0.0001	<0.0001	<0.0001		<0.0001
	0.93	0.99	0.99	0.99	0.95	1	0.96
V33	<0.0001	<0.0001	<0.0001	<0.0001	<0.0001	<0.0001	
	0.92	0.99	0.99	0.94	0.98	0.96	1

对表 4-12 的数据分析发现,在显著性水平 $\alpha = 0.05$ 的情况下,低碳经济发展模式包括的 7 个变量之间存在显著关联性,因此,保留低碳经济发展模式 V30。

4.5　调查结果分析结论

4.5.1　企业价值取向对低碳经济发展模式的影响分析

根据 4.4.1 对管理者基本情况和对企业发展认知情况的影响因素筛

选结果可知保留 V3、V5、V10、V15 等 4 个变量，也就是说对低碳经济发展模式有显著性影响的因素包括受教育程度、职位、企业成功的最重要标志、对环境的污染状况等 4 个因素。将这 4 个变量与企业低碳经济发展模式 V16 进行关联性分析。分析结果见表 4-13。

表 4-13　低碳经济发展模式的无关联性检验及关联度测量

企业低碳经济发展模式指标	卡方检验显著性概率及 Spearman 相关系数			
	V3	V5	V10	V15
V16	0.004 ** 0.12	< 0.0001 ** − 0.06	< 0.0001 ** 0.16	0.0005 ** 0.28

注：在 α =0.05 的情况下，** 通过卡方无关联性检验的变量

4.5.2　企业发展和组织方式对低碳经济发展模式的影响分析

企业发展指标保留保留 V5 与 V11 等 2 个变量，企业组织方式保留 V13、V15、V17、V18、V21、V22、V23 等 7 个变量，低碳经济发展模式保留 V30。将这 9 个变量与企业低碳经济发展模式 V30 进行关联性分析。分析结果见表 4-14。

表 4-14　企业投入及发展指标的无关联性检验及关联度测量

投入与发展指标	卡方检验显著性概率及 γ 统计值								
	V5	V11	V13	V15	V17	V18	V21	V22	V23
V30	0.09 * − 0.12	< 0.0001 ** − 0.36	0.89 − 0.10	0.97 − 0.15	0.19 − 0.11	0.002 ** − 0.11	< 0.0001 ** 0.02	0.06 * − 0.30	0.63 0.03

注：在 α =0.10 的情况下，* 通过卡方无关联性检验的变量；
　　在 α =0.05 的情况下，** 通过卡方无关联性检验的变量。

利用 χ2 检验法，在显著性水平 α =0.05 的情况下，对表 4-13 和表 4-14 的分析，得到如下结论：

（1）企业价值取向对低碳经济发展模式的分析结论。受教育程度越高的管理者越主张低碳经济发展模式需要依靠政府推动和消费者引导。企业高层管理者更注重政府推动和消费者引导的作用，关联系数为负的含义是指两个变量的有序关联性是相反方向。越是认为企业成功的最重要标志是上市融资成功和拥有先进环保技术或者认为对环境的污染状况

减轻的管理者，也越倾向于认为本企业低碳经济发展模式是在政府推动推动和消费者引导下实现的。

（2）企业发展和组织方式对低碳经济发展模式的分析结论。越是认为低碳经济发展模式需要依靠政府推动和消费者引导的企业，越是注重采取排污净化处理措施、拥有名牌产品和对竞争对手的控制以及技术投入，并且与同行不在产品价格上去竞争，而是在环保、技术和资金方面争取更多的优势。

从上述分析结果可知，影响我国林产工业企业低碳经济发展模式的主体因素企业发展价值观和组织方式。林产工业企业普遍存在从业人员文化程度偏低、劳动生产率低、科技人员比例低、科技投入少等问题。林产工业企业规模普遍较小，没有实现规模化经营，企业通常在研发和技术改造方面投入很少，也就很难拥有自主知识产权及核心竞争力。同时，林产工业企业规模化程度低，导致产业发展规模不经济，具体表现为产业集中化程度低。产业集中度（CR）是指大中型企业工业总产值在该产业所有企业工业总产值中所占的比重，反映产业市场结构状态和大企业市场控制力的强弱。因此，林产工业的低碳经济发展方向是走生态化产业集群之路。

5

大小兴安岭林区林产工业低碳经济
发展模式形成分析及选择模型构建

黑龙江省大小兴安岭林区林产工业低碳经济发展模式可以分为企业层面和行业层面等两个方面。企业层面的低碳经济发展模式在第四章已经分析，本章主要从行业组织方式特点、低碳经济发展不同阶段对应的具体组织模式以及低碳经济发展模式的选择模型等三个方面进行分析。

5.1 林产工业主要行业组织方式特点分析

下面主要针对黑龙江省大小兴安岭林区人造板行业、家具行业、地板行业和木制工艺品组织方式的特点进行分析。

5.1.1 黑龙江省大小兴安岭林区人造板行业组织方式分析

黑龙江省大小兴安岭林区人造板行业组织方式的基本构成见表 5-1。

由表 5-1 可知，黑龙江省大小兴安岭林区人造板行业企业之间的竞争较为激烈，合作程度和企业的纵向一体化程度一般偏低，与同类产品的竞争一半多体现在价格方面，在品牌方面的竞争很少。技术投入占企业总投入的比例一般偏下，在总投资中占最少的是人员培训和市场营销，普遍认为企业的长远发展能力一般偏下，企业发展的瓶颈因素是国家政策和木材资源，各占一半左右，人造板行业的进入壁垒和退出壁垒一般偏低。

表5-1　黑龙江省大小兴安岭林区人造板行业组织方式的基本构成表

项目名称	项目取值及分布情况(%)					
与同类企业之间的竞争 V13	非常激烈 36.4	比较激烈 54.5	一般激烈 9.1	不太激烈 0	不激烈 0	
与规模大于本企业的合作程度 V15	非常高 0	较高 0	一般 50.0	较低 45.5	很低 4.5	没有 0
企业的纵向一体化程度 V17	非常高 0	较高 0	一般 54.5	较低 40.9	很低 4.6	没有 0
企业的横向一体化程度 V18	非常高 0	较高 0	一般 36.4	较低 63.6	很低 0	没有 0
企业的林产品与同类产品的竞争 V21	价格 59.1	品牌 4.5	售后服务	环保 4.6	技术 13.6	资金 0　其他 18.2
技术投入占企业总投入的比例 V22	非常高 0	较高 4.5	一般 45.5	较少 45.5	很少 4.5	
在总投资中占最少的是 V24	固定资产 0	产品生产 0	产品研发 13.6	人员培训 45.5	市场营销 40.9	其他 0
企业的长远发展能力 V25	非常好 0	较好 4.5	一般 45.5	较差 50.0	很差 0	
企业发展的瓶颈因素 V26	资金 0	国家政策 54.6	地方政策 0	技术 0	木材资源 45.4	人才 0　其他 0
所在行业的进入壁垒 V27	非常高 0	较高 0	一般 50.0	较低 40.9	很低 9.1	没有 0
所在行业的退出壁垒 V28	非常高 0	较高 0	一般 50.0	较低 45.5	很低 0	没有 4.5

5.1.2　黑龙江省大小兴安岭林区家具行业组织方式分析

黑龙江省大小兴安岭林区家具行业组织方式的基本构成见表5-2。

表5-2 黑龙江省大小兴安岭林区家具行业组织方式的基本构成表

项目名称	项目取值及分布情况(%)					
与同类企业之间的竞争 V13	非常激烈 4.2	比较激烈 87.5	一般激烈 8.3	不太激烈 0	不激烈 0	
与规模大于本企业的合作程度 V15	非常高 0	较高 0	一般 62.5	较低 37.5	很低 0	没有 0
企业的纵向一体化程度 V17	非常高 0	较高 12.5	一般 29.2	较低 58.3	很低 0	没有 0
企业的横向一体化程度 V18	非常高 0	较高 0	一般 41.7	较低 58.3	很低 0	没有 0
与同类产品的竞争表现在 V21	价格 54.2	品牌 25.0	售后服务 0	环保 0	技术 20.8	资金 0 其他 0
技术投入占企业总投入的比例 V22	非常高 0	较高 12.5	一般 41.7	较少 37.5	很少 8.3	
在总投资中占最少的是 V24	固定资产 0	产品生产 0	产品研发 8.3	人员培训 66.7	市场营销 25.0	其他 0
企业的长远发展能力 V25	非常好 8.3	较好 54.2	一般 33.3	较差 4.2	很差 0	
企业发展的瓶颈因素 V26	资金 33.3	国家政策 4.2	地方政策 0	技术 0	木材资源 62.5	人才 0 其他 0
所在行业的进入壁垒 V27	非常高 8.3	较高 0	一般 12.5	较低 62.5	很低 16.7	没有 0
所在行业的退出壁垒 V28	非常高 0	较高 4.2	一般 12.5	较低 70.8	很低 12.5	没有 0

由表5-2可知,黑龙江省大小兴安岭林区家具行业企业之间的竞争比较激烈,合作程度一般偏低,企业的纵向一体化程度和横向一体化程度都较低,与同类产品的竞争一半多体现在价格方面,四分之一体现在品牌方面。技术投入占企业总投入的比例一般偏下,在总投资中占最少的是人员培训和市场营销,普遍认为企业的长远发展能力较好,企业发展的瓶颈因素是资金和木材资源,资金因素占33.3%,木材资源因素占62.5%,家具行业的进入壁垒和退出壁垒偏低。

5.1.3 黑龙江省大小兴安岭林区地板行业组织方式分析

黑龙江省大小兴安岭林区地板行业组织方式的基本构成见表5-3。

表5-3　黑龙江省大小兴安岭林区地板行业组织方式调查的基本构成表

项目名称	项目取值及分布情况（%）					
与同类企业之间的 竞争 V13	非常激烈 10.0	比较激烈 60.0	一般激烈 30.0	不太激烈 0	不激烈 0	
与规模大于本企业 的合作程度 V15	非常高 0	较高 0	一般 40.0	较低 60.0	很低 0	没有 0
企业的纵向一体化 程度 V17	非常高 0	较高 20.0	一般 60.0	较低 20.0	很低 0	没有 0
企业的横向一体化 程度 V18	非常高 0	较高 0	一般 80.0	较低 10.0	很低 10.0	没有 0
与同类产品的竞争 表现在 V21	价格 60.0	品牌 30.0	售后服务 0	环保 0	技术 0	资金 0 其他 10.0
技术投入占企业总 投入的比例 V22	非常高 0	较高 40.0	一般 40.0	较少 0	很少 20.0	
在总投资中占最少 的是 V24	固定资产	产品生产	产品研发 50.0	人员培训 40.0	市场营销 10.0	其他 0
企业的长远发展能 力 V25	非常好 10.0	较好 40.0	一般 50.0	较差 0	很差 0	
企业发展的瓶颈因 素 V26	资金 10.0	国家政策	地方政策	技术	木材资源 90.0	人才 0 其他 0
所在行业的进入壁 垒 V27	非常高 0	较高 0	一般 90.0	较低 10.0	很低 0	没有 0
所在行业的退出壁 垒 V28	非常高 0	较高 0	一般 90.0	较低 10.0	很低 0	没有 0

由表5-3可知，黑龙江省大小兴安岭林区地板行业企业之间的竞争比较激烈，合作程度较低，企业的纵向一体化程度一般偏高，横向一体化程度一般，与同类产品的竞争一半多体现在价格方面，30%体现在品牌方面。技术投入占企业总投入的比例较高，在总投资中占最少的是产品研发和人员培训，普遍认为企业的长远发展能力较好偏一般，企业发展的瓶颈因素主要是木材资源，资金因素占10%，木材资源因素占90%，家具行业的进入壁垒和退出壁垒一般。

5.1.4　黑龙江省大小兴安岭林区木制工艺品行业组织方式分析

黑龙江省大小兴安岭林区木制工艺品行业组织方式的基本构成见表5-4。

表5-4　黑龙江省大小兴安岭林区木制工艺品行业组织方式调查的基本构成表

项目名称	项目取值及分布情况(%)					
与同类企业之间的竞争 V13	非常激烈 0	比较激烈 46.0	一般激烈 43.2	不太激烈 10.8	不激烈 0	
与规模大于本企业的合作程度 V15	非常高 0	较高 2.7	一般 54.1	较低 37.8	很低 5.4	没有 0
企业的纵向一体化程度 V17	非常高 0	较高 8.1	一般 73.0	较低 16.2	很低 2.7	没有 0
企业的横向一体化程度 V18	非常高 0	较高 5.4	一般 59.5	较低 32.4	很低 2.7	没有 0
与同类产品的竞争表现在 V21	价格 45.9	品牌 0	售后服务 2.7	环保 2.7	技术 19.0	资金 29.7 其他0
技术投入占企业总投入的比例 V22	非常高 0	较高 8.1	一般 64.9	较少 24.3	很少 2.7	
在总投资中占最少的是 V24	固定资产 0	产品生产 8.1	产品研发 8.1	人员培训 67.6	市场营销 13.5	其他 2.7
企业的长远发展能力 V25	非常好 2.7	较好 64.9	一般 29.7	较差 2.7	很差 0	
企业发展的瓶颈因素 V26	资金 40.8	国家政策 0	地方政策 0	技术 11.1	木材资源 48.1	人才 0 其他0
所在行业的进入壁垒 V27	非常高 0	较高 5.4	一般 46.0	较低 48.6	很低 0	没有 0
所在行业的退出壁垒 V28	非常高 0	较高 0	一般 51.4	较低 48.6	很低 0	没有 0

由表5-4可知，黑龙江省大小兴安岭林区地板行业企业之间的竞争比较激烈，合作程度较低，企业的纵向一体化程度一般偏高，横向一体化程度一般，与同类产品的竞争一半多体现在价格方面，30%体现在品牌方面。技术投入占企业总投入的比例较高，在总投资中占最少的是产品研发和人员培训，普遍认为企业的长远发展能力较好偏一般，企业发展的瓶颈因素主要是木材资源，资金因素占10%，木材资源因素占90%，家具行业的进入壁垒和退出壁垒一般。

5.2 大小兴安岭林区林产工业低碳经济发展模式形成的对应分析

低碳经济发展模式主要包括技术带动型、项目带动型、资本推动型、政府推动型、消费引导型、其他企业带动型。本书采用对应分析找出适合黑龙江省大小兴安岭林区林产工业不同发展阶段的低碳经济发展模式。

5.2.1 对应分析方法

5.2.1.1 对应分析的基本原理

对应分析也称关联分析，通过分析由定性变量构成的交互汇总表来揭示变量间的联系。对应分析可以解释同一变量的各种类型之间的差异，以及不同变量各种类型之间的对应关系。它最大的特点是能把研究对象和变量同时做到同一张图上，将研究对象的类型及其属性在图上直观而又明了地表示出来。另外，对应分析不需要进行因子选择和因子轴旋转，在变量个数与变量的取值类别较多的时候具有明显的优势。

5.2.1.2 对应分析的步骤

（1）数据预处理。设有 n 个样品，每个样品有 p 个观测指标，列出原始数据矩阵。

$$X = \begin{bmatrix} x_{11} & x_{12} & \cdots & x_{1p} \\ x_{21} & x_{22} & \cdots & x_{2p} \\ \vdots & \vdots & & \vdots \\ x_{n1} & x_{n2} & \cdots & x_{np} \end{bmatrix}_{n \times p}$$

（2）将原始数据矩阵 X 转化为标准化的频率矩阵 P。

$$P = \begin{bmatrix} p_{11} & p_{12} & \cdots & p_{1p} \\ p_{21} & p_{22} & \cdots & p_{2p} \\ \vdots & \vdots & & \vdots \\ p_{n1} & p_{n2} & \cdots & p_{np} \end{bmatrix}_{n \times p}$$

其中，P 矩阵中的元素为原矩阵某元素与行元素或列元素之和的比值，可以将 p_{ij} 解释成概率。

（3）计算两点距离。对应分析的实质是将研究样品点之间的关系转换成研究变量点之间的关系，而变量点间相互关系一般用两个变量点间的欧氏距离来表示，为消除量纲的影响，引入第 k 个和第 l 个样品间的加权平方距离公式。

（4）计算轮廓坐标并绘制对应分析图。以 R 型因子分析为例，列轮廓坐标（或因子载荷矩阵）为：

$$D(R) = \begin{bmatrix} p_{11}/p_1\sqrt{p_1} & p_{12}/p_1\sqrt{p_2} & \cdots & p_{1p}/p_1\sqrt{p_p} \\ p_{21}/p_2\sqrt{p_1} & p_{22}/p_2\sqrt{p_2} & \cdots & p_{2p}/p_2\sqrt{p_p} \\ \vdots & \vdots & & \vdots \\ p_{n1}/p_n\sqrt{p_1} & p_{n2}/p_n\sqrt{p_2} & \cdots & p_{np}/p_n\sqrt{p_p} \end{bmatrix}$$

同理，得出行轮廓坐标 G，并绘制在同一个二维平面上，得出对应分析图，并将邻近的变量和样品点归为一类，从而对其进行解释和推断。

5.2.1.3 对应分析的优点

（1）定性指标划分的类别越多，越容易刻画相互间的关系。

（2）提供了将定性变量按定量方法处理的途径，从数量的角度揭示交叉列表行变量类别和列变量类别间关系。

（3）对应分析图可以将不同属性的指标反映在同一坐标系下，将所有行变量类别和列变量类别间的联系直观地表现在同一张分布图上，从而能清楚地解释统计分析结果。

（4）可以将名义变量或次序变量转变为间距变量，从而可以应用更多的传统统计方法分析含有这样变量的调查数据。

5.2.2 对应分析模型假设

本研究的目的在于分析林产工业企业在不同时期的低碳经济发展模式，而受数据资料的限制只能通过行业变量与组织方式变量进行近似分析，为此将行业特征变量和组织方式变量与不同的体坛经济发展模式相匹配。林业企业的产品差异化越高，说明企业在技术方面投入相对较多，因此假设 V1 与 V19 显著相关，则某一行业的低碳经济发展模式可归属于技术带动型；科研院所和高校的综合绩效往往体现在所获得的国际、国内和省内项目上，而这些项目最终形成生产力、走向市场必须要通过微观企业来完成，而企业的知名度越高，校企联合的可能性将越大，因此假设 V1 与 V11 显著相关，则某一行业的低碳经济发展模式可归属于项目带动型。固定资产投资和产品生产投资较高说明企业处于发展阶段和资本的原始积累阶段，而产品研发、人员培训和市场营销投入较多说明企业具有持久的竞争能力，因此假设 V1 与 V23 显著相关，则某一行业的低碳经济发展模式可归属于资本带动型；在产业发展的高级阶段往往是以大企业主导、中小企业共生的网络组织结构为特征的，即企业之间的共生合作的关系，因此假设 V1 与 V14、V15 或 V16 显著相关，则某一行业的低碳经济发展模式可归属于其他企业带动型；企业可以自由进入或退出的行业，一般进入壁垒较低，而对于资源限制性行业，其政府设置的进入门槛就会较高，因此假设 V1 与 V27 显著相关，则某一行业的低碳经济发展模式可归属于型政府推动型；同类企业间竞争较激烈，并且竞争方式集中在价格上，说明该行业属于过度竞争的市场结构，其本质在于产品的市场需求量较高，因此 V1 与 V13 显著相关，则某一行业的低碳经济发展模式可归属于消费引导型。

5.2.3   结果分析

5.2.3.1   林产工业企业低碳经济发展基本构成

41.7% 的企业属于低碳经济发展模式，林产工业企业低碳经济发展模式分为总体发展模式、前期发展模式、中期发展模式和后期发展模式，基本构成情况见表 5-5。表 5-5 数据表明，企业最需要政府在碳减排技术推广、低息贷款方面给予大力支持。

表 5-5 林产工业企业低碳经济发展基本构成

项目名称	项目取值及分布情况（%）						
低碳经济发展模式 V30	技术带动型 7.4	项目带动型 6.9	资本推动型 0	其他企业带动型 0	政府推动型 23.2	消费引导型 4.2	非低碳经济发展模式 58.3
前期发展模式应该是 V31a	技术带动型 4.2	项目带动型 0	资本推动型 0	其他企业带动型 0	政府推动型 37.5	消费引导型 0	非低碳经济发展模式 58.3
中期发展模式应该是 V31b	技术带动型 25.0	项目带动型 16.7	资本推动型 0	其他企业带动型 0	政府推动型 0	消费引导型 0	非低碳经济发展模式 58.3
后期发展模式应该是 V31c	技术带动型 12.5	项目带动型 16.7	资本推动型 12.5	其他企业带动型 0	政府推动型 0	消费引导型 0	非低碳经济发展模式 58.3
有效地实现节能减排的手段 V32	经济手段 16.7	行政手段 12.5	法律手段 12.5	宣传教育手段 0	其他手段 0		非低碳经济发展模式 58.3
企业最需要政府哪方面的扶持 V33	税收减免政策 4.2	碳减排技术推广 20.8	低碳项目投融资 4.2	低息贷款 12.5	其他 0		非低碳经济发展模式 58.3

5.2.3.2 林产工业低碳经济发展模式与技术投入分析

林产工业低碳经济发展模式与技术投入分析结果分别见表 5-6 和如图 5-1。由图 5-1 可知，木地板、锯材、木片、木结构建筑和木质工艺品行业 5 个行业林产品差异化程度处于一般水平，人造板和家具业的产品差异化程度为较低。说明目前林产工业产品的差异化程度整体上较低，即企业在技术方面投入较少，即技术带动模式不显著。该结论的相伴概率为 0.026，结论是可靠的。

表 5-6 林产工业与技术投入对应分析

V1—V19 相应分析结果

维度编号	奇异值	惯量	卡方统计量	显著水平	惯量比例		置信水平	
					惯量占总惯量比例	积累比例	标准差	变量相关系数
1	0.570	0.325			0.920	0.920	0.079	0.060
2	0.168	0.028			0.080	1.000	0.065	
Total		0.353	35.302	0.026[a]	1.000	1.000		

a. 21 degrees of freedom

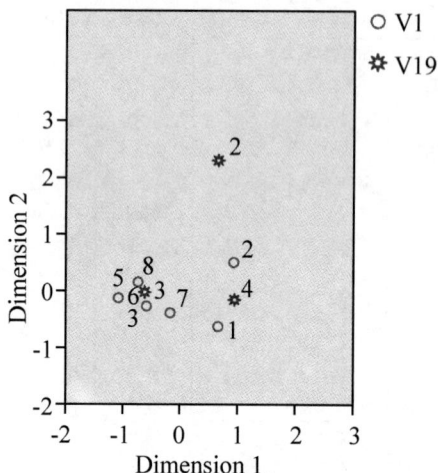

图5-1　林产工业与技术投入对应分析图

5.2.3.3　林产工业低碳经济发展模式与合作项目分析

林产工业与合作项目分析结果见表5-7。表5-7数据表明，变量之间的相关性不显著，因此目前项目带动型低碳经济发展模式不显著。

5.2.3.4　林产工业低碳经济发展模式与资本投入分析

林产工业与资本投入分析结果见表5-8。人造板、木地板、锯材、木片和木结构建筑五个子产业的投资主要集中在产品生产商，家具主要集中在固定资产的投资上，木质工艺品主要集中在市场营销上。尽管有一个行业的投入在非资本投入上，但总体上林业产业的投资主要集中在固定资产和流动资产的投入，即资本投入比重远远超过非资本投资如技术、劳动、组织方式等方面的比重。因此，现阶段林产工业的发展属于资本推动型，相伴概率为0.000。

表5-7 林产工业与合作项目对应分析

V1—V11 相应分析结果

维度编号	奇异值	惯量	卡方统计量	显著水平	惯量比例		置信水平	
					惯量占总惯量比例	积累比例	标准差	变量 相关系数
1	0.396	0.156			0.598	0.598	0.089	0.390
2	0.316	0.100			0.383	0.981	0.080	
3	0.070	0.005			0.019	1.000		
4	0.006	0.000			0.000	1.000		
Total		0.261	26.144	0.565ᵃ	1.000	1.000		

a. 28 degrees of freedom

表5-8 林产工业与资本投入对应分析

V1 - V23 相应分析结果

维度编号	奇异值	惯量	卡方统计量	显著水平	惯量比例		置信水平	
					惯量占总惯量比例	积累比例	标准差	变量 相关系数
1	0.868	0.753			0.799	0.799	0.054	0.100
2	0.403	0.162			0.172	0.971	0.089	
3	0.163	0.026			0.028	0.999		
4	0.028	0.001			0.001	1.000		
Total		0.943	85.810	0.000ᵃ	1.000	1.000		

5.2.3.5 林产工业低碳经济发展模式与企业合作程度分析

林产工业与企业合作程度对应分析结果分别见表5-9、表5-10、表5-11。三个表未通过显著性检验，说明林产工业各企业间的合作关系不显著，即其他企业带动模式不显著。

表 5-9 林产工业与企业合作程度对应分析 1

V1 – V14 相应分析结果

维度编号	奇异值	惯量	卡方统计量	显著水平	惯量比例		置信水平	
					惯量占总惯量比例	积累比例	标准差	变量相关系数
1	0.290	0.084			0.718	0.718	0.080	0.238
2	0.148	0.022			0.187	0.905	0.067	
3	0.090	0.008			0.069	0.974		
4	0.055	0.003			0.026	1.000		
Total		0.117	12.048	1.000ᵃ	1.000	1.000		

a. 35 degrees of freedom

表 5-10 林产工业与企业合作程度对应分析 2

V1 – V15 相应分析结果

维度编号	奇异值	惯量	卡方统计量	显著水平	惯量比例		置信水平	
					惯量占总惯量比例	积累比例	标准差	变量相关系数
1	0.199	0.040			0.571	0.571	0.073	0.033
2	0.138	0.019			0.274	0.845	0.048	
3	0.104	0.011			0.155	1.000		
Total		0.070	7.095	1.000ᵃ	1.000	1.000		

a. 35 degrees of freedom

表 5-11 林产工业与企业合作程度对应分析 3

V1 – V16 相应分析结果

维度编号	奇异值	惯量	卡方统计量	显著水平	惯量比例		置信水平	
					惯量占总惯量比例	积累比例	标准差	变量相关系数
1	0.363	0.132			0.947	0.947	0.086	− 0.054
2	0.086	0.007			0.053	1.000	0.036	
Total		0.139	14.321	0.999ᵃ	1.000	1.000		

a. 35 degrees of freedom

5.2.3.6 林产工业低碳经济发展模式与政策因素分析

林产工业与政策因素对应分析结果分别见表 5-12 和如图 5-2。

表 5-12 林产工业与政策因素对应分析

V1 – V27 相应分析结果

维度编号	奇异值	惯量	卡方统计量	显著水平	惯量比例		置信水平	
								变量
					惯量占总惯量比例	积累比例	标准差	相关系数
1	0.597	0.357			0.509	0.509	0.185	0.479
2	0.536	0.287			0.410	0.919	0.062	
3	0.219	0.048			0.068	0.987		
4	0.096	0.009			0.013	1.000		
Total		0.701	72.216	0.000[a]	1.000	1.000		

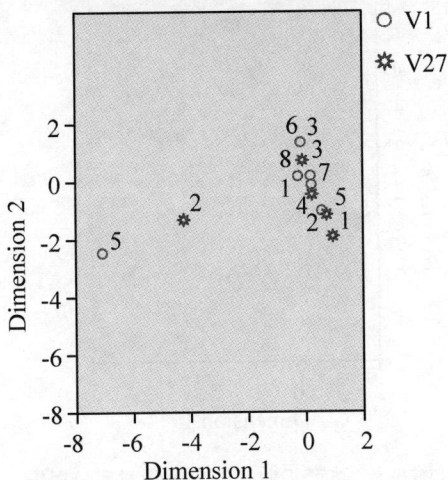

图 5-2 林产工业与政策因素对应分析图

5.2.3.7 林产工业低碳经济发展模式与需求因素分析

林产工业与需求因素对应分析结果分别见表5-13和如图5-3。

表5-13 林产工业与需求因素对应分析

维度编号	奇异值	惯量	卡方统计量	显著水平	惯量比例		置信水平	
					惯量占总惯量比例	积累比例	标准差	变量 相关系数
1	0.597	0.356			0.566	0.566	0.064	0.743
2	0.429	0.184			0.292	0.858	0.112	
3	0.299	0.089			0.142	1.000		
Total		0.629	64.794	0.000ᵃ	1.000	1.000		

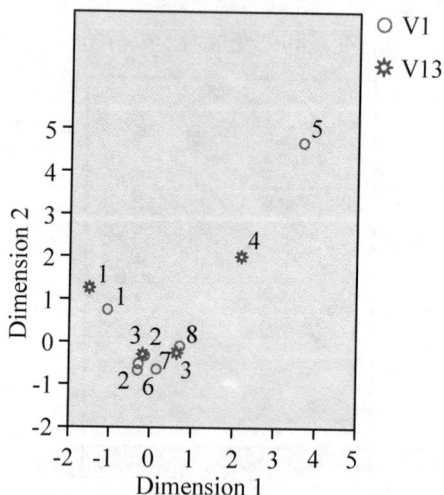

图5-3 林产工业与需求因素对应分析图

由图5-3可知，人造板生产的竞争非常激烈，家具、木地板和木片生产的竞争比较激烈，木结构建筑和木质工艺品竞争一般激烈，而锯材行业不太激烈。这与现实高度相符，锯材行业个数较少，木结构建筑行业属于新兴行业，企业数量不多，其他行业的进入壁垒较低、市场需求较大且数量较多。因此，林产工业的消费引导型低碳经济发展模式是显著的，相伴概率为 0.000。

综上，目前黑龙江国有林区现行的低碳经济发展模式为资本推动型、政府推动型和消费引导型，而技术带动型、项目带动型和其他企业带动型三种模式不显著。

为了更好地了解消费者对企业低碳经济发展模式的引导作用，本书设计《城市居民对木制品家具的消费态度问卷调查》，2012 年 6 月在哈尔滨市发放调查问卷 850 份，获得有效问卷 804 份。73.2%受访者购买家具时优先考虑实木材质，购买木制品家具主要考虑到实用和环保，近一半购买木制家具的受访者看重的是产品的环保和质量，32.3%受访者会为了购买环保家具而提高购置预算，13.5%受访者认为自己家中的家具不环保，54.9%受访者认为自己家中的家具比较环保安全，文化程度越高的受访者越倾向于购买实木家具。

5.2.4 分析结论

各种模式在低碳经济发展的不同阶段的重要性见表 5-14。

表 5-14 各种低碳经济发展模式在低碳经济发展的不同阶段的重要性

低碳经济发展阶段	低碳经济发展模式类型					
	技术带动	项目带动	资本带动	其他企业带动	政府带动	消费带动
前期	*	*	* * *	*	* * *	* * *
中期	* *	* *	* *	* *	* * *	* * *
后期	* * *	* * *		* * *	* * *	* * *

注：*的数量代表该模式的重要性。

通过对应分析得出如下结论：

第一，目前黑龙江国有林区林产工业的低碳经济发展处于前期阶段，其主要的模式为资本推动型、政府推动型和消费引导型，同时根据统计分析结果表明，技术推动型、项目带动型和其他企业带动型三种模式在初期不是低碳经济发展的主要手段。进一步分析的结论为在低碳经济发展的中期阶段，政府推动型和消费引导型仍然是主要模式，而其他模式处于辅助地位；在低碳经济发展的后期即成熟期，主要模式除了政府推动型和消费引导型，技术推动型、项目带动型和其他企业带动型三种模式也晋升为低碳经济发展的主要手段。

第二，无论在低碳经济发展的前期、中期还是后期，政府推动型和消费引导型两种模式贯穿始终。这是由林产工业的特殊属性决定的，林业工业的发展对木材资源的依赖程度较高，而国家的天然林保护工程、林业退税和林业补贴等项目和政策的推广和颁布，直接决定了林产工业行业的兴衰；同时，随着林产工业市场体系不断完善，消费者的消费能力和消费偏好也将不断提升和优化，这些因素决定了林产工业必然是买方市场。因此，国家宏观调控政策和相应的激励机制在林产工业低碳经济发展的不同时期将取得明显的效果。

第三，在低碳经济发展的过程中，技术推动型、项目带动型和其他企业带动型等3种组织模式的重要性不断提升，属于低碳经济发展的高级模式。在低碳经济发展的初期，在政府宏观调控的作用下，企业、科研院所或高校将积极引进和创新各种低污染、低耗能的技术，而将其转化为现实的生产力则需要一个较长的过程，在这个过程中技术推动型和项目带动型两种模式不断成熟；同时在低碳经济发展的初期，林业企业间的组织模式呈现过度竞争的市场结构，主要表现为企业数量较多、竞争非常激烈、主要以价格竞争为主要手段、重复建设和资源浪费较严重、行业绩效较低等特点。但随着技术推动型和项目带动型两种方式的不断发展和成熟，企业间的关系将由竞争走向合作，最终形成大企业为主导、大中小企业协作共生的产业组织模式，因此，企业带动模式成为低碳经济发展的典型特征模式。

第四，在低碳经济发展的不同时期，资本推动型模式的重要性呈现递减的变化趋势。相比于高级低碳经济发展模式即技术推动型、项目带动型和其他企业带动型，资本推动型可以归结为典型的低级低碳经济发展模式。在发展初期，在国家政策和消费引导下，企业通过固定资产、流动资产和产品生产投资，获得低碳经济发展所需的设备、技术和木材资源等原材料，实现企业的原始资本积累。而在不断发展的过程中，企业要获得持久竞争优势，必须在人才培训、产品研发和市场营销等劳动、技术、组织和企业家才能等投入要素上加大力度，而不仅仅局限于资本要素的投入。为此，资本投入要素占总投入要素比例降低，说明企业的低碳经济发展模式不断优化，资源配置效率得到提升。

5.3 林产工业低碳经济发展模式的选择模型构建

5.3.1 Logistic 回归分析方法

通过影响因素分析方法确定有关联性的变量，当因变量不是连续变化的，只取有限个值来表示它的特性时，一个重要的统计指标是 Y 取某个特定值的概率，它需要一个有选择性质的模型，离散选择模型描述了决策者在不同的可供选择的选项之间所做出的选择。离散选择模型通常都是在决策者效用最大化行为的假设下推导出来的。到目前为止，使用的最简单并且最为广泛的离散选择模型是 logit 模型（聂冲等，2005）。由于选择概率的取值范围是 $(0，1)$，需要对概率 p_i 作一个变换 $f(p_i)$，变换 f 的目的是将变量变化范围由 $(0，1)$ 变到整个数轴 $(-\infty，+\infty)$，这时 $f(p_i)$ 就可以表示为自变量 χ_1，χ_2，$\cdots$ 的线性函数了。统计中一个常用的变换就是以下的 Logit 变换。Logistic 回归分析是通过对属性（categorical）变量建立 Logistic 回归模型进行的。表示为：

$$\text{logit}(P) = \ln(P/(1-P)) = \beta_0 + \beta_1\chi_1 + \cdots + \beta_m\chi_m \qquad (5\text{-}1)$$

当因变量只取表示发生与否的 0，1 两个值时，称为两值的 Logistic 回归模型，拟合的任务就是建立这一事件发生的频率依赖于自变量的关系式；当因变量有 3 个或 3 个以上类别（等级）时，称为多项 Logistic 回归模型。本书采取的是因变量为有序变量的多项 Logistic 回归模型，计算概率的方法是：假定 Y 取 c 个不同的值 1、2、$\cdots$、c，且序与数字的大小相同，则 Y 取各值的概率为 $P_i = P(Y = I)$，$i = 1$、2、$\cdots$、c。于是，可引入不同的概率之比，如果模型的拟合方式选择"下（减少）水平" lower(increasing) levels，则累积 logit 变换的公式为：

$$e^{L_i} = \frac{\sum\limits_{i=1}^{j} P_i}{\sum\limits_{k=j+1}^{c} P_k} = \frac{P(Y \leq j)}{P(Y \geq j+1)} = \frac{P(Y \leq j)}{1 - P(Y \leq j)} \tag{5-2}$$

由上式(7)得：$P(Y \leq j) = \dfrac{e^{L_i}}{1 + e^{L_i}}$ $\tag{5-3}$

$$P(Y = j+1) = P(Y \leq j+1) - P(Y \leq j) \tag{5-4}$$

其中，$j = 1$、2、$\cdots$、$c - 1$。

当 $j = 1$ 时，$P(Y = 1) = P(Y \leq 1)$； $\tag{5-5}$

当 $j = c$ 时，$P(Y = c) = 1 - P(Y \leq c - 1)$。 $\tag{5-6}$

为了保证模型拟合的结果，需要检验参数的显著性，采用最大似然估计法的 χ^2 统计量进行检验。当使用 SAS 统计分析软件提供的计算结果时，看相应的 p 值是否小于显著水平 α（一般取 $\alpha = 0.05$），如果 p 值小于显著水平 α，则拒绝参数显著为 0 的原假设，从而建立较为合适的、稳定的模型。

当存在多个自变量时，则称为多元 Logistic 回归模型。本报告在拟合多个自变量的 Logistic 回归模型时，使用自动选择的向后消去功能，采用余差 χ^2 统计量来检验自变量留在模型里的作用是否显著，如果 p 值大于 $\alpha = 0.05$，则将该变量从模型中剔除。衡量 Logistic 回归模型拟合的好坏，是计算用该模型预测的数值和样本中的实际数值中的一致对与不一致对的比例，即用 Concordant 指标来描述拟合的回归模型与实际数据的符合情况。此外，Somers' D、Gamma、Tau – a、c 等 4 个值可以作为描述模型预测能力大小的指标。

5.3.2　林产工业低碳经济发展模式的 Logistic 选择模型构建

根据关联性检验结果，确定候选自变量，所建立的 Logistic 回归模型是利用 SAS 统计分析软件拟合并通过检验的。建立与培养方案有关的 Logistic 回归模型如下：

5.3.2.1　关于企业价值取向的低碳经济发展模式选择模型构建

根据表 4-13 的关联性分析结果发现，低碳经济发展模式与受教育程度(V3)、职位(V5)、企业成功的最重要标志(V10)、对环境污染状况(V15)等 4 个变量有关联。由于在 0.05 的检验水平下，V3、V5、V10 在模型中的作用是不显著的，因此，建立关于企业价值取向的低碳经济发展模式的多项 Logistic 回归模型分别是：

(1)技术带动型低碳经济发展模式的 Logistic 回归模型是：

$$\text{logit}\ (\text{P}(V16 = 1)) = -0.336 - 0.552V15 \tag{5-7}$$

(2)项目带动型低碳经济发展模式的 Logistic 回归模型是：

$$\text{logit}\ (\text{P}(V16 = 2)) = 0.649 - 0.552V15 \tag{5-8}$$

(3)资本推动型低碳经济发展模式的 Logistic 回归模型是：

$$\text{logit}\ (\text{P}(V16 = 3)) = 0.708 - 0.552V15 \tag{5-9}$$

(4)企业带动型低碳经济发展模式的 Logistic 回归模型是：

$$\text{logit}\ (\text{P}(V16 = 4)) = 0.910 - 0.552V15 \tag{5-10}$$

(5)政府推动型低碳经济发展模式的 Logistic 回归模型是：

$$\text{logit}\ (\text{P}(V16 = 5)) = 1.413 - 0.552V15 \tag{5-11}$$

(6)消费引导型低碳经济发展模式的 Logistic 回归模型是：

$$\text{logit}\ (\text{P}(V16 = 6)) = 2.779 - 0.552V15 \tag{5-12}$$

模型的 Concordant 等于 50.1%，意味着 50.1% 用拟合的回归模型预测时其趋势是与实际的结果是一致的，Somers' D = 0.244，Gamma = 0.323，Tau - a = 0.173，c = 0.622，模型质量较好，表明模型有较高的预测能力。

5.3.2.2 关于企业状况和组织方式的 Logistic 回归模型构建

根据表 4-14 的关联性分析发现，在 0.05 的检验水平下，低碳经济发展模式与产品品牌称号(V11)、对竞争对手的控制程度(V18)、与同类产品的竞争(V21)等 3 个变量存在显著关联性。由于在 0.05 的检验水平下，V18、V21 在模型中的作用是不显著的，下面仅建立关于企业状况的低碳经济发展模式的多项 Logistic 回归模型。

(1)技术带动型低碳经济发展模式的 Logistic 回归模型是：

$$\text{logit}\ (\text{P}(V30 = 1)) = -1.226 + 0.779V11 \tag{5-13}$$

(2)项目带动型低碳经济发展模式的 Logistic 回归模型是：

$$\text{logit}\ (\text{P}(V30 = 2)) = -1.34 + 0.779V11 \tag{5-14}$$

（3）政府推动型低碳经济发展模式的 Logistic 回归模型是：
$$\text{logit}\ (P(V30 = 5)) = -0.832 + 0.779V11 \qquad (5\text{-}15)$$
（4）消费引导型低碳经济发展模式的 Logistic 回归模型是：
$$\text{logit}\ (P(V30 = 5)) = 1.793 + 0.779V11 \qquad (5\text{-}16)$$

模型的 Concordant 等于 61.6%，意味着 61.6% 用拟合的回归模型预测时其趋势是与实际的结果是一致的，Somers' D = 0.478，Gamma = 0.634，Tau－a = 0.132，c = 0.739，模型质量较好，表明模型有较高的预测能力。

黑龙江省大小兴安岭林区林产工业
低碳经济发展的保障体系构建

发展低碳经济是我国林产工业经济增长方式转变的必然选择，也是我国建设资源节约型、环境友好型社会和节能减排工作的客观要求。因此，国家低碳经济发展战略和政策支持下，林产工业选择合适自身行业特点的低碳经济发展模式，通过调整产业结构、加大研发力度、优化能源利用、提高能源效率等措施，全面推动我国林产工业低碳经济的发展。本章主要从技术保障体系和政策保障体系两个层面进行构建。

6.1 基于低碳循环经济的产业集群生态产业链理论框架分析

6.1.1 低碳经济、循环经济和产业集群的相互关系

低碳经济与循环经济都是经济发展的新模式，其区别是低碳经济是从经济发展过程中的碳排放视角提出的，是从环境保护层面提出的经济发展方式；循环经济是从经济发展过程中的清洁生产和废弃物综合利用的视角提出的，是从生态经济和技术层面提出的经济发展方式。工业产业实现低碳经济发展的有效途径是走循环经济发展道路。

循环经济（cycle economy）是经济发展的一种新模式，就是把清洁生产和废弃物的综合利用融为一体的物质闭环流动型经济，本质上是一种生态经济。它以物质、能量梯次和闭路循环使用为特征，在环境方面表现为污染低排放，甚至零排放。循环经济是把生态经济、资源综合利

用、生态技术与生态设计和可持续消费等融为一体，运用生态学规律来指导人类社会的新型经济，克服了经济发展与环境系统人为割裂的弊端，倡导的是一种与环境和谐的经济发展模式（冯之浚，2005）。

在产业集群的过程中发展循环经济是转变经济发展方式的需要，也是增强产业集群竞争力的客观要求和有效途径。产业集群要求存在经济联系的相关企业在特定的区域集中，形成一个类似生物有机体系统的区域产业群落，它是产业组织的地域创新。

按循环经济要求构建产业集群是其重要途径之一，由专业化集聚阶段向产业链集聚阶段推进也是产业集群的重要发展趋势。结合这一发展趋势，根据循环经济的 3R（减量化、再使用、再循环）原则，以资源可持续利用和建设良好的生态环境为基础，构建产业集群生态产业链，大力发展以循环经济为特征的产业集群，实现经济效益、社会效益和环境效益的统一（宋国华，2008）。

6.1.2 产业集群生态产业链的内涵和结构

循环经济与产业集群的耦合点是产业集群的生态化。循环经济，本质上是一种生态经济，它要求运用生态学规律来指导人类社会的经济活动。因此，循环经济是产业集群生态化的基础，而产业集群是发展循环经济的重要依托。在产业集群的基础上发展循环经济，实质上是在原有专业化分工基础上引入新的分工角色。在集群中完成生产者、消费者、分解者的专业化分工，克服集群内物质循环缺陷和生态缺位，打通了集群参与者的物质、能量、信息的流通渠道，建立了企业间的合作共生机制，延长了物质相互使用链条，优化整个集群内的循环经济网络结构，促使产业集群生态化升级和产业集群生态系统的建立（吴飞美，2008）。

6.1.2.1 生态产业链的内涵

生态产业链是在生态学、产业生态学的理论指导下，按照物质循环、产业共生原理对区域内相关企业的链接进行设计或改造，构成一个资源循环利用、具有完整生命周期的产业链和产业网，其目的是最大限度地降低对生态环境的负面影响。

6.1.2.2 生态产业链的结构

根据各企业的特点和其在生态产业链中所处的位置，可将链上企业划分为物质生产者和技术生产者（生产者）、加工生产者（消费者）和还原生产者（分解者），由它们共同组成生态产业链和产业共生网络系统。物质生产企业承担着不可再生资源和可再生资源的开发与利用，为生产提供初级原料和能源；技术生产者通过对各企业提供无形的技术支持，使各个企业以及整个生态链条都朝着更加丰富和完善的方向发展；加工生产企业将物质生产企业提供的初级原料或可作为原料的其他企业的副产物、废弃物，加工成满足人类生产生活所需的最终产品或中间产品；还原生产企业将生产过程中的各种副产物和废弃物进行资源化，或从中进行无害化处理，或提供给其他企业作为原料（杨迅周，2010）。

构建一条有效的生态产业链必须遵循以下原则：

（1）必须保证生态产业链上的各企业实行清洁生产，所生产的产品为清洁产品。

（2）当生态产业链上的任何一家企业的生产状况、废料构成及性质改变时，与其相关的其他企业必须能够及时调整，从而保证整个生态产业链的平衡（熊鸿斌，2011）。

6.2 大小兴安岭林区林产工业低碳循环经济生态链构建分析

通过对生态产业链的构建原理的研究，从循环经济的角度在行业层面和产业层面上对大小兴安岭林区林产工业的生态产业链进行构建。该生态产业链对其他地区的林产工业生态产业链的构建具有理论价值和指导意义。

6.2.1 林区构建林产工业生态产业链的必要性

在我国大多数林木资源丰富的地区都存在数以千计的规模较小、产品技术含量低的林产工业企业，例如，小兴安岭地区经过清理整合后，目前仍有 1000 多家林产工业企业。从提高资源利用率和培育区域经济增长点的角度出发，急须通过政府部门对这些企业的发展加以引导，使其形成产业集群，从而提高区域的竞争能力，实现规模经济和聚集效应，使林木资源配置效益最大化。社会协作度是以优化企业的组织结构为研究目标，以中间投入占总投入的比重为标志，来判断企业生产过程中的社会协作水平。木材加工业作为林产工业的主要产业，在全国 36 个工业行业社会协作度位次排名中，从 1998 年的第 8 名下降到 2003 年的第 26 名(资料来源：《中国统计年鉴 1999》，《中国统计年鉴 2004》)，说明我国木材加工业处于较低的社会协作水平，亟须通过有组织的产业集群来大幅度提高产业的协作水平。近年来，产业集群的重要发展趋势是由专业化集聚阶段发展到以循环经济为特征的产业链集聚阶段。因此，林产工业产业集群的核心内容就是构建林产工业生态产业链。

6.2.2 黑龙江大兴安岭林区林产工业生态产业链的结构

森林生态系统具有吸收二氧化碳、释放氧气、涵养水源、保持水土等生态环境服务功能，有关研究测速，一株百年大树能够吸收 120 吨 CO_2 和释放 90 吨 O_2。成过熟林经采伐造成原木，同时产生剩余物、原木成锯材，再加工成细木工板、家具、木结构建筑及其构件等各类产品。利用伐区、造材剩余物和原木、锯材加工剩余物主要分为两种用途：一种用途是刨花板、中(高)密度纤维板等人造板，另一种用途是经削片制成木片，用作生物质原料，经气化发电，同时生成木炭、木醋、木焦油等林化产品，这些林化产品再被加工成生物肥料等产品，与发电过程中产生的 CO_2，再被植物吸收利用，完成一个产业循环过程。这一循环过程构成低碳循环经济生态链，其中森林生态系统不仅发挥着净化空气等生态功能，而且为经济发展提供可再生能源—木材。木材经过物理过程加工成各类产品，其剩余物经过化学过程将热能转化成电能，同时生成林化产品，释放的 CO_2 又被树木吸收转化成木材，构成一个完整的产业链，这个产业链实现了低碳、节能和循环利用。林产工业生态产业链结构如图 6-1。

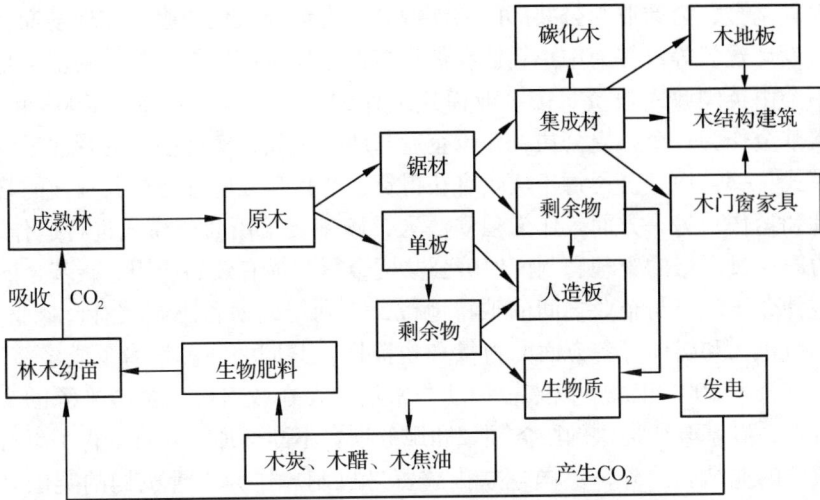

图6-1 林产工业生态产业链结构示意图

　　我国林产工业的竞争力从根本上来讲取决于产业内所有企业的素质和能力，为了实现林产工业总体竞争力大于该产业内所有企业竞争力之和的目标，就必须发挥产业组织的作用。产业组织是政府和企业之间的桥梁和纽带，林产工业协会在我国发挥着产业组织的功能，林产工业协会的效率直接影响着该产业竞争力的培育和保持。

6.3 国外主要发达国家低碳经济政策概况

6.3.1 英国的低碳经济政策

　　英国的低碳经济实践对我国能源环境政策的制定和向低碳经济转型，具有十分重要的借鉴意义。英国首先采用了气候变化税，政府将气候变化税的收入主要通过三个途径返还给企业：一是将所有被征收气候变化税的企业为雇员交纳的国民保险金调低 0.3 个百分点；二是通过"强化投资补贴"项目鼓励企业投资节能和环保的技术或设备；三是成立碳基金，为产业与公共部门的能源效率咨询提供免费服务、现场勘查与设计建议等，并为中小企业在促进能源效率方面提供贷款。碳基金是一个由英国政府投资、按企业模式运作的独立公司，成立于 2001 年。碳基金作为一个独立公司，介于企业与政府之间，实行独特的管理运营模式。一方面，公司每年从政府获得资金，代替政府进行公共资金的管理和运作；另一方面，作为独立法人，碳基金采用商业模式进行运作，力图通过严格的管理和制度保障公共资金得到最有效的使用。碳基金的这种介于政府与企业之间的独特地位，有利于调动和协调政府、企业、科研机构和媒体等各方面的力量和积极性，共同关注和培育低碳经济。碳基金自 2001 年成立以来，活动非常活跃，在政府稳定资金来源的支持下，碳基金所提供的服务领域和服务项目不断增加，并且取得了卓有成效的业绩。此外，英国建立排放贸易机制。作为主管机构的英国环境—食品—乡村事务部（DEFRA）开设排放量交易登记处，所有承诺减排目标的参与者必须按相关条例严格检测和报告企业每年的排放状况，并经过有职业资格的第三方独立认证机构的核实，只有通过验证的排放量与信用额度方能获得登记。该机制有四种方式，即直接参与、协议参与、项目参与以及开设账户。在英国有专门的发展低碳经济的网站。

6.3.2 德国的低碳经济政策

为了发展低碳经济，德国设立了生态税，生态税自 1999 年 4 月起分阶段实行，主要征税对象为油、气、电等产品。税收收入用于降低社会保险费。为提高工业领域蕴藏的巨大节能潜力，德国政府计划在 2013 年之前规定企业享受的税收优惠与企业的节能管理挂钩。德国联邦经济部与复兴信贷银行已建立节能专项基金，用于促进中小企业提高能源效率。此外，德国政府还通过《可再生能源法》保证可再生能源的地位，对可再生能源发电进行补贴，平衡了可再生能源生产成本高的劣势，使可再生能源得到了快速发展。为减少碳排放，德国大力推进低碳发电技术的研究和应用，并计划制定关于二氧化碳分离、运输和埋藏的法律框架，建设示范低碳发电站。

6.3.3 意大利的低碳经济政策

由于意大利的能源 80% 以上都依靠进口，因此意大利更加注重可再生能源和新能源的开发和利用，更加重视伴随着《京都议定书》的实施、欧洲总体能源政策以及世界能源市场变化带来低碳经济的发展。由于意大利政府重视落实《京都议定书》的义务，其采取的政策措施也十分丰富而有效。为支持可再生能源的发展，意大利政府从 1992 年开始实施 CIP6 机制，以保证购买价格的方式支持可再生能源发电厂的建设。1999 年意大利通过立法的形式开始实行"绿色证书"制度。"绿色证书"是指通过利用可再生能源向国家电网输送电力并由国家电网管理局（GRTN）认可后颁发的证书，GRTN 根据相关规定制定"绿色证书"的参考价格。此外，意大利还有"白色证书"，也称能源效率证（TEE），是意大利政府为减少能源消耗而出台的鼓励措施，主要针对节约电能、天然气、其他燃料三种类型进行发放。

6.3.4 美国的低碳经济政策

美国则是通过立法确立了发展低碳经济的必要性，2007 年 7 月 11 日，美国参议院提出了《低碳经济法案》，表明低碳经济的发展道路有望成为美国未来的重要战略选择。2009 年 2 月 15 日，美国出台了《美国复苏与再投资法案》（American Recovery Reinvestment Act），投资总额达到 7870 亿美元。《美国复苏与再投资法案》将发展新能源为重要内容，包括发展高效电池、智能电网、碳储存和碳捕获、可再生能源如风能和太阳能等。在节能方面最主要的是汽车节能。2009 年 3 月 31 日，由美国众议院能源委员会向国会提出了"2009 年美国绿色能源与安全保障法案。2009 年 6 月 28 日，美国众议院通过了《美国清洁能源和安全法案》，这是美国第一个应对气候变化的一揽子方案，不仅设定了美国温室气体减排的时间表，还设计了排放权交易，试图通过市场化手段，以最小成本来实现减排目标。美国之所以这么做，明显是想抓住"低碳经济"的龙头，使美国成为继 IT 产业之后世界经济又一场革命的领导者。在美国也有宣传低碳经济的网站["carbonrally. com"（碳团结）]。

6.3.5 日本的低碳经济政策

日本强化低碳经济，旨在实现低碳社会，注重研发与创新，为低碳经济的发展提供技术支撑。早在 2004 年 4 月，日本环境省设立的全球环境研究基金就成立了"面向 2050 年的日本低碳社会情景"研究计划。该研究计划由来自大学、研究机构、公司等部门的约 60 名研究人员组成，分为发展情景、长期目标、城市结构、信息通讯技术、交通运输等5 个研究团队，同时项目组还与日本国内相关大学、海外研究机构合作，共同研究日本 2050 年低碳社会发展的情景和路线图，提出在技术创新、制度变革和生活方式转变方面的具体对策。2008 年 5 月，项目组又完成了"面向低碳社会的 12 项行动"的研究报告。这 12 项行动涉及住宅部门、工业部门、交通部门、能源转换部门以及相关交叉部门，每一项行动中都包含未来的目标、实现目标的障碍及其战略对策以及实施战略对策的过程与步骤等 3 部分。2009 年 4 月，日本又公布了名为《绿色经济与社会变革》的政策草案，目的是通过实行减少温室气体排放等措施，强化日本的低碳经济。这份政策草案除要求采取环境、能源措施刺激经济外，还提出了实现低碳社会、实现与自然和谐共生的社会等中长期方针，其主要内容涉及社会资本、消费、投资、技术革新等方面。此外，政策草案还提议实施温室气体排放权交易制和征收环境税等。

6.3.6 欧美其他国家的低碳经济政策

除上述几个国家外，加拿大、瑞典、法国等发达国家也都制定了各自详细而具有鲜明针对性的低碳经济发展战略。加拿大在建筑材料的节能环保方面制定了严格的管理制度，建筑商在开发建设过程中是否符合各项环保和节能要求，都必须通过具有独立认证资格的第三方的监督、检验和认证。瑞典则是一个在生活细节中注重环保的榜样，尤其是率先在世界上将环保概念引入驾驶执照考试中，成为全球首个实行"考驾照—先学环保驾照"的国家，并为鼓励国民使用环保型汽车出台了一系列政策措施。法国是一个人均温室气体排放量比欧洲平均水平要低21%的国家，即便如此，法国计划在 2020 年把有机农业所占土地面积比例从现在的 1% 提高到 20%，并在控制交通运输业的碳排放方面不断出台新政策。

6.4 林产工业低碳经济发展的政策体系总体构成

"低碳经济"是以低能耗、低污染、低排放为基础的经济发展新模式，尤其是指以温室气体排放最小化为目标的经济发展模式。其核心是通过新型清洁能源技术、能效提高技术、降耗减排等能效创新技术在社会、经济、生活中各行业的广泛推广和大规模运用，建立清洁能源利用机制，由此促进现代工业产业结构调整升级，降低社会生活耗能，减少二氧化碳等温室气体的排放，建立新型可持续循环发展的无污染经济增长模式，实现减缓气候变化和促进人类的可持续发展（王小李，2009）。

低碳政策大致可以分为五种：①以市场失灵理论为指导的低碳政策，包括政府管制、征收碳排放税、补贴、推行碳基金等；②以产权理论为指导的政策，包括建立碳交易平台；③以信息不对称、委托代理理论为指导的政策，如日本的自愿减排协议等；④以不确定性理论为指导的政策；⑤以生态工业学理论为指导的政策。在诸多理论的指导下，结合低碳政策的特性，可以得出我国低碳政策的制定应主要以市场机制调节为主，以行政手段干预为辅。

林业在低碳经济发展过程中具有十分重要的作用。通过建立以低碳森林抚育业、低碳林产品加工业、低碳森林服务业为主体的林业低碳经济产业体系，在林业发展体系中低碳林产工业的发展是关键环节。因此，根据黑龙江省大小兴安岭林产工业低碳经济发展的现状制定并完善现有的林业低碳经济发展政策体系，有利于建立比较完善的林业产业体系以及比较完整的林业生态体系，培育林业新的经济增长点，实现林业可持续发展战略。因此，大小兴安岭林区林产工业低碳经济发展的总体目标是：按照高效能、高效率、高效益的要求，努力推进应用能源资源节约、替代、循环利用的林业先进适用技术和清洁生产技术，以林业低碳经济理念为指导，发展高新技术林业产业和精深加工林业产业等环境友好型的林产加工业作为实现林业低碳经济发展的战略性产业；同时限制发展资源消耗量大、科技含量低、环境污染严重的林产加工业，重点抓好纤维板、刨花板、细木工板、木浆造纸等林产工业的技术改造和污染治理工作，不断减少林产品能耗、物耗，淘汰严重污染环境、工艺落后、技术水平不高、设备陈旧的企业，走出一条以低能耗、低污染、低排放为特征的林产工业低碳经济发展之路。

为了实现大小兴安岭林产工业低碳经济发展目标，本书主要从低碳财政政策、低碳金融政策、低碳产业政策、低碳技术政策四方面构建黑龙江省大小兴安岭林产工业低碳经济发展的政策体系，如图6-2。

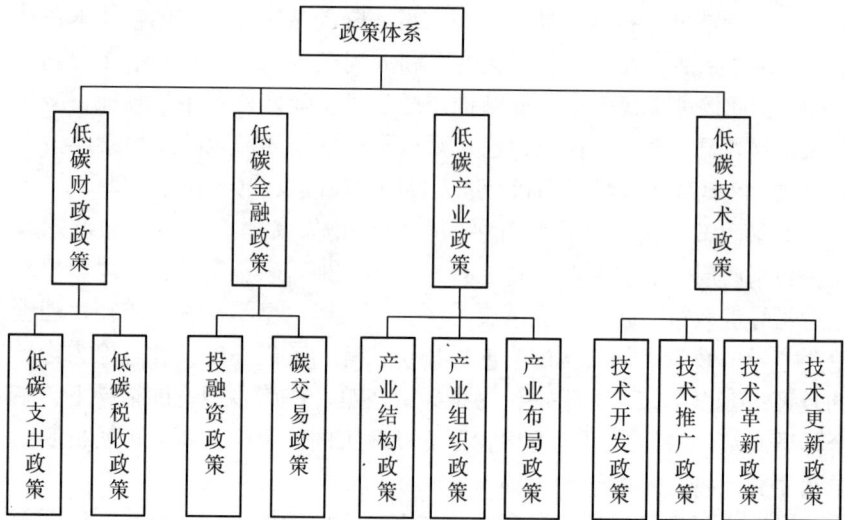

图6-2 大小兴安岭林区林产工业低碳经济发展政策体系

6.5 低碳财政政策

6.5.1 政府财政支出政策

财政支出手段是推动低碳经济发展的最有效手段，合理确定财政支出规模，建立健全财政支出制度是大小兴安岭林区林产工业实现可持续发展，走上低碳经济发展之路的根本保证。财政支出的总体规模与结构水平与政府的职能存在着密切的联系，低碳经济的发展要求政府履行经济管理及社会管理职能，发挥协调和监督作用。财政投入的手段主要有政府直接投资生产低碳产品以及政府间接补贴低碳技术研发与推广的方式进行。

6.5.1.1 政府直接投资生产低碳产品

政府直接投资生产低碳产品是指政府作为投资主体将资金直接投向于低碳林产品的生产加工领域，可以采取政府独资或政府参股以及与其他企业合资的形式，根据企业取得的经济效益和持有股份的多少获取收益。大小兴安岭林区可以采用这种手段发展低碳林产工业，在项目投资之前必须要进行低碳经济可行性论证，对项目开发的基础条件、原材料采购、生产技术、市场前景等方面进行详细论证后，方可批准立项，并在项目建设中严格进行监督。

6.5.1.2 鼓励低碳技术的研发与推广

低碳技术是发展低碳经济的中心环节，低碳经济的发展关键在于低碳技术的研发与推广，世界上许多国家将低碳经济视为第四次科技革命。低碳技术可以分为减碳技术、无碳技术和去碳技术三种类型。目前，大小兴安岭林区林产工业的发展以高能耗、高物耗、高污染为代价，因此，必须以技术创新为突破口，加快转变经济增长方式。中央与地方各级政府应多方筹措资金，加大财政投入力度，为低碳技术的研发和推广提供充足的资金，使有限的资源发挥更大的效用。这不仅需要政府提供长期的、有效的资金支持，而且需要政府将更有计划，分清先后和主次地投入到低碳技术的研发和利用中去，由于林区低碳技术水平普遍不高，近期的工作重点应放到提高能效以及减少碳排放量的工作上，政府应对低碳技术的研发、低碳技术的应用以及低碳技术的推广实行补贴优惠政策。此外，由于现有低碳技术研发成本和投资风险过高，应用低碳技术的企业成本负担过重，导致低碳产品较传统产品价格升高，以至于消费者对低碳产品的需求量下降，低碳产品生产企业利润减少。因此，政府需要运用财政政策，给予应用低碳技术的企业必要的资金支持，只有这样才能加快低碳产品的市场推广。

6.5.2 实行税收调节政策

对于大小兴安岭林区林产工业发展低碳经济，税收的调节作用主要体现在以下两个方面：一是实行优惠税收政策，二是实行征税政策（李尔彬，2008）。

6.5.2.1 对发展低碳经济的企业实行优惠税收政策

税收政策对于林产工业发展低碳经济具有重要的调节作用，政府减少税款的征收可以促使林业企业将更多的资金投入到低碳技术的研发与低碳产品的销售之中，从而提高发展低碳经济企业的市场竞争力。以人造板为例，由于人造板的生产大大提高了"剩余物"的利用率，减少了对资源的消耗，为了激励林业企业发展低碳经济，大兴安岭林区对人造板企业政府给予税收优惠，按照所缴纳增值税的80%退税。尽管该措施是在大多数人造板企业减碳技术还不成熟的情况下作出的，但其良好的政策导向性仍是值得称道的。低碳技术在大小兴安岭林区的广泛应用，将极大地提高林产品资源消耗量，减少对环境的污染。此外，政府除了一般性的林产品退税外，还应对利用低碳技术减少碳排放的林业企业给予"特别退税"的优惠政策，如可以按照林业企业应用低碳技术的比例给予相应比例的所得税的减让。

6.5.2.2 对高能耗污染严重的企业加大征税力度

税收是非常有效的调节宏观经济运行的财政政策工具，运用税收工具可以引导企业走上低碳经济发展的正确轨道上来。国外许多发达国家对资源消耗大、污染严重的企业征收重税，例如对煤、石油、天然气等产品征收生态税，鼓励人们利用太阳能、风能等可再生新型能源；对原生材料征收原生材料税，促使人们少用原生材料，对各种材料尽量做到多次循环使用；对林木资源及其衍生产品征收资源税，鼓励人们提高木材的利用率，减少林木资源的浪费；对污染环境的企业征收环境税，促使企业提高环保意识，在生产产品的同时，注重保护环境。随着天保工程的实施，林区可采资源逐渐越少，工业化进程的加快，导致环境污染越来越严重。大小兴安岭林区应充分借鉴国外的经验和教训，结合中国的国情，适时开征资源税、环境税等保证合理利用资源，保护生态环境，旨在提高木材的综合利用率、减少胶合板、纤维板、细木工板等林产品中甲醛等有害物质的含量，提高木材利用率的同时，注重低碳环保技术的研发、应用及推广，从而保证大小兴安岭林区林产工业企业的可持续发展。

总之，无论是以发展低碳经济为目标对林产工业企业的税收减免，还是对高能源耗、环境污染严重的林产工业企业课以重税，都是利用经济杠杆引导企业走上低碳经济发展之路的重要举措。对于大小兴安岭林区，林产工业相对于发达地区而言，产业竞争能力还较弱，若课以重税会严重阻碍林业经济的持续增长，因此，应以正面激励为主，即对低碳企业给予多方面的税收优惠政策，为其营造一个良好的税收环境，促进低碳经济的发展。低碳税收政策的落实和实施，应结合林区经济发展及社会发展的特点适时调整。

6.6 低碳金融政策

在市场经济条件下，金融成为经济运行的核心，在一定程度上加速或制约经济的发展，当金融因素的作用充分发挥时，经济增长就会因为资本投资充足以及金融资源高效配置而得以持续。林业经济的持续、快速、健康发展需要有效的信用活动和金融运行机制，以保障持续不断的资本投入和金融资源的合理高效合理配置。大小兴安岭林区现阶段面临资本形成不足、资金短缺的困境，这成为林产工业低碳经济发展的重大障碍，因为，林产工业低碳经济的发展要求林产工业企业必须进行不断地进行产品更新、技术创新，而资金成为林产工业企业产品更新、技术创新的决定性因素。因此，迫切需要在国家现有的资金支持之外，制定新的特殊政策，从全社会范围内合理地筹措资金，拓宽林业投融资渠道，以满足林产工业低碳经济发展的需要。低碳金融政策正是为了弥补严重的资金缺口而出现的一种创新制度安排，通过金融改进与金融创新推进大小兴安岭林区林业和经济可持续协调发展的战略性机制和基本途径(秦涛，2008)。低碳金融政策包括低碳产业发展所需的投融资市场政策和碳排放权交易市场发展所需的政策，即低碳投融资政策和碳交易政策(薛睿，2011)。

6.6.1 低碳投融资政策

6.6.1.1 低碳绿色信贷产品创新

各国商业银行作为低碳投融资市场的重要参与方，对低碳产业进行投融资的参与相对较晚。应当合理利用商业银行对低碳项目的推动作用，以此促进低碳经济的充分发展。市场中，业务发展相对迅速，我国商业银行应当借鉴欧盟等发达国家商业银行广泛参与低碳金融的有益模式。通过创新低碳绿色信贷产品，将低碳、环保作为贷款的重要参考依据，据此发放贷款。参照国际现行低碳绿色信贷产品，我国商业银行应当开发创新绿色低碳信贷产品。以低碳产品项目融资为主，对低碳产业项目给予各种贷款优惠。如花旗集团旗下的 Fannie Mae 推出的结构化节能抵押信贷产品，美国新资源银行(New Resource Bank)向低碳项目中商业或多用居住单元提供 0.125% 的贷款折扣优惠，爱尔兰银行对于本国将垃圾转化为能源的项目实施融资优惠等。借鉴国外商业银行绿色信贷产品的成功经验，大小兴安岭林区商业银行应创新信贷产品，政府与发展低碳经济林产工业签订合同，为发展低碳经济的企业在贷款方面提供优惠政策。创新低碳信贷产品，不但创新信贷核心产品及形式产品的内容，而且通过提升服务质量进一步扩大延伸产品的内涵。商业银行应当打破传统的信贷思维，不能仅满足于低水平的信贷扩张，还应当鼓励对低碳信贷款产品、工具的创新与开发，拓宽贷款项目的服务范围。在提供项目融资的基础上，发掘节能减排项目参与企业的碳排放交易潜力，为企业提供金融服务和包括清洁发展机制在内的碳交易咨询。目前，兴业银行已经成为国内第一家提供能源效率贷款产品的商业银行，浦东发展银行也在积极同国际金融机构进行合作，适时推出新能源开发项目等低碳信贷产品。

6.6.1.2　低碳保险产品的创新

在低碳金融体系中，保险业具有化解和转移低碳经济发展风险的作用。低碳保险即环境责任保险，是指以被保险人因从事保险合同约定的保险业务而造成环境污染应承担的环境赔偿或治理责任为标的的责任保险。低碳保险业务是保险公司原有保险业务的进一步延伸，也是低碳保险发展的专属业务领域。推动低碳保险的发展应从建立低碳经济制度和运行机制，政府制定专项扶持政策，保险公司根据市场需求开发多样化的创新产品等多个层面推进。首先，保险公司应在保险监督管理委员会的监管下，在低碳保险理念的指导下，配合建立和完善低碳保险市场的基础设施。传统保险业应引入低碳保险理念从而促进低碳保险业务的开展。使投保人主动地参加低碳保险，主动化解和降低环境破坏风险，勇于承担社会责任。低碳保险的制度设计，需要涉及低碳保险的诸多方面，如对于环保责任险而言，应由环保部门提出企业投保目录以及损害赔偿额度，合理确定赔偿限额。其次，要建立低碳保险运行的保障机制。逐步建立健全低碳保险行政法规、部门规章，确定相关责任事故的认定标准、定损标准、理赔标准，增强配套制度的可操作性。大小兴安岭林区的保险公司应适时开发低碳保险产品，政府还可以对于投保低碳保险的企业给予税收优惠，政府也可以拨付专项资金为实施低碳经济的林产工业企业投保低碳责任险，与林产工业企业共同建立风险控制和防御体系（马云涛，2011）。

6.6.2　碳交易政策

大小兴安岭有着丰富的森林资源，森林蓄积及森林覆盖率都居全国前列，具有良好的碳交易的资源条件，可通过培育"京都议定书"下的碳交易市场和非"京都议定书"下的碳交易市场来发展碳交易，为大小兴安岭林区低碳经济的发展提供资金和技术的支持。

我国 CDM 项目自 2005 年正式启动以来，CDM 市场迅速发展。目前，我国的碳排放市场已经初步形成，并且逐渐成为世界碳金融市场重要组成部分。根据国际金融公司的测算，发达国家要完成 2008～2012 年间《京都议定书》的承诺减排量，需要通过 CDM 购买 8 亿~16 亿吨的温室气体排放量，我国作为暂不承担减排义务的发展中国家，面临巨大的市场机遇。我国温室气体的减排成本约为每吨 20 美元，而发达国家的减排成本约在每吨 1000 美元以上，所以，我国在国际碳排放交易市场上具有明显优势。截止 2010 年 9 月，我国已经在 30 个省份设立了 CDM 技术服务中心，各省 CDM 项目在 EB 获得注册的有 91 个，已经获得批准的项目有 2597 个，涉及低碳经济各个领域，其中涉及造林在造林项目 2 个，大小兴安岭有着丰富的森林资源，有条件在"京都"规则下国际市场上供给碳排放权；但是受到多方面的条件的限制，京都规则下的碳交易市场在黑龙江省还刚刚起步，没有发展成熟，因此，非京都规则下的碳交易市场的建立和发展对于大小兴安岭林区来说也是一个不错的选择。非京都规则下的碳交易建立在自愿性减排的基础上的，非京都市场交易体系下，市场交易主体为减缓气候变化提供额外性减排贡献，市场交易的前提条件是存在提供额外性减排贡献的主体，自愿性购买主体可通过第三方进行核准交易量，目前我国主要是通过"碳基金"的运作来实现的。该基金的主要目标是为保护生物多样性、减轻气候变化对人类社会的不利影响，提供资金渠。据初步统计结果显示，中国绿色碳基金已经运用募集资金购买了潜在碳减排量约为 1000 万吨。我国的山西、大连、北京等地也相继启动了地方性的碳基金，黑龙江省森工集团以设立了"碳基金"，大小兴安岭林区可以此为平台，培育非"京都议定书"下的碳交易市场，这就需要政府和社会共同的努力，政府给予政策上的支持，为该市场的发展创造良好的制度环境，而社会则应倡导低碳消费、低碳生活理念，培育个人及企业自愿购买碳排放权，为节能减排做贡献。

6.7 低碳产业政策

低碳产业政策是国家为了促进市场机制的发展，对低碳产业活动进行干预和引导，以促进低碳经济快速协调发展的政策。政府根据低碳产业发展规律的客观要求，综合运用经济政策、法律政策和必要的行政方式，调整低碳产业结构、产业组织结构和产业布局，以实现产业发展所需资源的优化配置，推进低碳产业的升级和发展。低碳产业政策体系包括：产业结构政策、产业组织政策和产业布局政策。低碳产业政策是由低碳相关具体性产业构成的，具体政策之间相互协调，推动低碳产业的健康发展。低碳产业政策内部具有协调性，而低碳产业政策也必须与低碳财政政策、金融政策相统一、相协调。

6.7.1 低碳产业结构政策

低碳产业结构政策，是政府根据国内低碳产业结构的现状，按照产业结构演进规律，规划低碳产业结构演进目标，有步骤、分阶段地确定重点战略性产业，引导资源优化配置，促进低碳产业向广度和深度不断发展，它是低碳产业政策的基础性部分。低碳产业结构政策旨在推进低碳产业结构的不断优化和合理演进。低碳产业结构政策制定的理论依据是产业结构演进规律，由政府主导制定。低碳企业是政策的实施主体。低碳产业结构政策包括产业发展重点的优先次序选择以及保证重点产业优先发展的政策支持体系，根据产业结构理论，低碳产业结构包括低碳产业优先顺序选择、低碳产业结构现状和结构演进规律，选择低碳产业发展的优先顺序。具体表现为不同类型的政策，有主导产业选择政策、战略产业扶植政策、落后产业撤退政策等。

大小兴安岭国有林区林产工业发展低碳经济的产业结构政策包括低碳主导产业选择政策、低碳战略产业扶植政策、落后产业撤退政策等。具体政策内容如下：

(1)低碳主导产业选择政策。其实施是通过主导产业的选择与培育实现的，因此，主导产业的选择是产业结构政策工作的重中之重。根据罗斯托对主导产业的理解，可将林业主导产业定义为：在区域林业经济中起主导作用，能够带动整个区域林业经济快速发展的产业部门，需具备以下 3 方面的条件：第一，在林区林业生产中占有较大比重，能在一定程度上主导地区林业经济的发展方向；第二，与林区内其他产业的关联度高，能拉动或推动其他产业的发展；第三，能够代表区域林业产业的发展方向。大小兴安岭国有林区林产工业中的木制品制造业及家具制造业可作为主导产业来培育，通过对低碳木制品制造业及家具制造业的培育，来带动其他林产工业低碳经济的发展。

（2）低碳战略产业扶植政策。战略性产业是指能够发展成为未来主导性或支柱性产业的产业部门。战略性产业，必须具备成为未来主导产业、支柱性产业的可能性。决定性因素具体包括：产业技术特征、市场发展前景和未来成长潜力，也包括产业现有结构状态。战略性新兴产业是事关林区长远利益的产业，并非仅依靠短期利益进行抉择。目前，大小兴安岭国有林区林产工业的支柱产业仍为据锯材及木片加工业、人造板等低附加值、低加工度、高能耗、高污染的产业部门，今后应将低碳技术应用于林产工业的生产中，重点扶持高加工度、高附加值的、低碳环保的产业部门，使其成为战略性产业，为低碳林产工业的发展大打下坚实的基础。

（3）落后产业撤退政策。自 1986 年实施森林采伐限额政策后，大小兴安岭国有林区的木材产量自 1987 年逐年下降，木材产量逐年减少，随着二期天保工程的实施，木材产量将继续大幅度减少，加之国外原木出口的贸易壁垒，国内市场的木材供需矛盾将进一步加剧，提高资源的利用效率、发展低碳环保的林产工业已成为林区林业可持续发展的必然选择。为此，政府应采取相应的配套措施使那些高能耗、高污染的产业部门顺利退出市场。

综上所述，低碳产业结构政策，能够促进低碳资源、可再生资源的高效利用，推动林产工业部门间协调健康发展，不断推动低碳技术的应用、推广和创新发展，促进低碳产业优化升级。

6.7.2 产业组织政策

产业组织政策是由政府制定的调整产业的市场结构与行为，协调企业间相互关系的公共政策体系。产业组织政策旨在协调竞争性与规模经济之间的关系，稳定市场经济秩序，保证市场主体获得公平的发展机会。在完全竞争市场条件下，资源由市场进行最优配置，使用效率达到最大化。垄断会带来社会效益损失。对于适合自然垄断的产业，市场过度竞争会降低规模经济效益，也会带来社会福利的损失。因此，政府根据不同产业组织的发展需要和阶段，制定不同的政策，包括反垄断政策和集中促进政策。产业组织政策，旨在正确恰当地处理充分竞争与规模经济发展之间的关系。要在维护好市场有效竞争的前提下，根据具体产业要求，处理规模经济与市场竞争效率的关系。低碳产业组织政策，按政策作用对象进行划分，可以分为低碳市场结构控制政策和市场行为控制政策两大类。

（1）低碳市场结构控制政策是对低碳产业的市场结构变化进行有效控制，通过行政、立法和经济手段的综合运用，使低碳市场结构保持合理化状态。政策措施有以下两个方面：

一是鼓励发展大型低碳林业企业集团实现规模经济效益。

通过林业企业间的水平兼并与垂直兼并可以扩大企业规模，通过管理和技术创新能够提高企业运行效率，获得规模经济效益，提高企业的竞争力。目前，大小兴安岭国有林区林产工业企业普遍存在规模小、规模经济效益不明显，而解决问题的主要办法就是使优势企业进行规模扩张，扩张离不开资本，如果完全依靠企业自身的积累进行规模扩张，并不是最优的选择，对于优势的林业企业最好的选择就是对其他企业进行兼并，通过资产重组的方式，由以中小企业为主的林业产业组织结构，转变为以大企业为龙头的林业产业组织结构，并能够改变原有林业企业产品品种单一的状况，促进龙头企业产品结构的优化组合；通过林业企业之间的兼并重组使具有技术优势、产品优势、市场优势的企业形成优势互补，使兼并后的大企业能够以技术开发和技术创新为动力，提高企业的技术水平，同时会对其他林业企业技术创新起到很好的示范作用，带动产业整体技术水平提高，推动产业结构优化升级。但值得一提的是，大型低碳林业企业集团的形成要依靠市场机制，而不是依赖政府的行政命令，只有通过市场的优胜劣的竞争机制才能够使兼并后的大型低碳林业企业集团具有较强的竞争力，才能实现资源的高效配置。政府可以鼓励林业企业之间进行兼并重组，通过给予大型低碳林业企业适当的融资、税收等方面的优惠政策提高其整体竞争能力。

二是鼓励创新，大力扶持低碳技术型中小企业。

尽管大型林业企业是实现规模经济效益的主体，但是低碳技术型中小企业具有较高的创新热情、市场反应快、运营成本低、经营机制灵活等特点，是技术创新的主要源泉，对于发展低碳经济、扩大就业具有重要意义，但其发展难点在于低碳技术的产业化和市场化。因此，对于中小型低碳科技林业企业需要在资金资助和激励机制、操作机制上进一步完善。支持中小低碳林业企业发展的具体措施主要有：第一，鼓励和促进中小低碳林业企业的专业化分工，中小低碳林业企业应根据自身特点生产适合自己的低碳产品，政府应对生产"精、尖、特、优"产品的林业企业给予鼓励和扶持，引导其走"小而专、小而精、小而优"的发展道路；第二，针对林区林业中小企业分散经营、条块分割、组织无序等弊端，政府应组建中小低碳林业企业管理机构，对中小低碳林业企业的经营活动统一管理、统一监督，为中小低碳林业企业提供各种咨询、培训等服务，给予资金、劳动力、技术等方面的扶持和帮助，为中小低碳林业企业参与以大型林业企业集团为核心社会分工协作体系营造良好的环境。

（2）低碳市场行为控制政策，是对低碳产业内部各企业的市场行为进行控制，规范市场行为，维护公平的市场竞争环境。政策措施有：一是限制市场竞争者之间共谋行为和价格歧视行为。二是加强政府和社会公众的监督，增加市场交易透明度。三是控制欺诈等违法的商业行为。大小兴安岭林区低碳林产工业发展的市场行为控制政策主要是政府及公众监督林产工业间是否存在价格联盟，是否存在欺诈消费者的行为，是否存在恶性竞争和垄断行为，由政府和公众规范林产工业企业的市场行为，提高市场透明度，营造公平的市场竞争环境。

6.7.3 低碳产业布局政策

低碳产业布局政策是指政府为实现低碳产业布局空间分布合理化而制定并实施的一系列政策。低碳产业布局政策的实施，旨在实现低碳产业空间合理布局与资源空间有效配置。低碳产业布局政策力求实现公平与效率的统一，既考虑缩小区域间经济发展差距，又兼顾经济发展宏观效益的提高。低碳产业布局政策的分为直接干预政策与引导性政策两大类。一是直接干预政策。中央政府或者地方政府以财政投资兴建低碳产业园区或者低碳能源类企业，政府出台相关行业准入规范与限制。二是引导性政策。政府对本地区低碳产业发展提供的多层次激励政策与优惠政策。具体政策包括财税、金融和信息政策。财税政策包括税收政策、转移支付、直接投资和政府采购政策。税收政策是国家对不同地区实施差别化税收优惠政策。转移支付政策，是对欠发达地区给予的财政补贴。直接投资政策是中央政府或者地方政府直接投资修建低碳产业发展所需的基础设施，或直接兴办低碳企业。政府采购政策是中央政府或者地方政府通过政府采购不同区域低碳产品，带动区域低碳经济发展。金融政策是向低碳产业资本缺乏地区提供信贷倾斜政策。信息政策是国家为低碳产业发展地区提供各种信息和技术咨询服务。对于大小兴安岭林区可采用直接干预政策，以财政投资的形式兴建低碳产业园区，具体做法是根据大小兴安岭林产工业分布的集中程度，建立低碳林产品加工园区；另外，也可以采取引导性产业政策，引导林产工业形成产业集群，给予财税、金融上的优惠政策，并建立信息技术服务平台，为林业加工企业提供信息和技术支持服务，使之不断提高技术水平和及时掌握市场信息。

6.8 低碳技术政策

没有良好的政策环境，支持低碳经济发展的技术研发就没有动力，甚至研发出来的技术可能会因政策环境不利而束之高阁，或停留在实验室，难以尽快得到转化和应用。因此，各级政府要将为科技创新提供政策保障作为促进低碳经济发展的重要抓手（郝素琴等，2007）。政府支持低碳经济的技术政策主要有低碳技术研发、低碳技术推广、低碳技术革新和低碳技术或设备的更新政策。

6.8.1 低碳技术开发政策

要转变经济发展模式，就要转变现有落后技术。尤其要发展低碳经济，必须加快相关节能减排技术的采用和研发。林业企业作为大小兴安岭林区低碳经济发展的主体，在林产品生产、销售、"三废"的处理和企业管理过程中，必须采用和选择有利于促进低碳经济发展的绿色循环技术。加强自主研发，同时积极引进和吸收国外和国内先进的节能减排技术；当地政府在立项过程中，鼓励低碳环保节能林业生产项目的申报，简化低碳林业产业项目的审批程序，并且为低碳技术成果给予保障，为低碳技术流转提供便利。

6.8.2 低碳技术推广政策

首先，加强符合大小兴安岭林区林产工业低碳经济发展的综合技术示范推广。建立以企业为主体，整合科研机构、院校、企业资源，推动产学研相结合的低碳技术创新与成果转化。建立技术创新研究产业基地，集中各方力量研究促进大小兴安岭林区林产工业低碳经济发展的综合技术，开展不同类型的技术开发，选取节能减排效果良好的技术大力推广。其次，鼓励先进低碳技术的引进和利用政策。大力支持和鼓励大小兴安岭林区当地各类企业"走出去"，积极同国外和国内发达地区相关领域的合作，积极引进和利用促进大小兴安岭林区林产工业低碳经济发展的先进低碳技术，通过政策鼓励、税收优惠和资金扶持等相关政策，加快新技术的应用和推广。再次，鼓励和引导各种民间组织参与新的低碳技术开发，整合市场现有的低碳技术，开发、引进适合大小兴安岭林区林产工业实际的低碳技术和低碳产品，加以推广和应用。最后，建立促进大小兴安岭林区林产工业低碳经济发展的低碳技术咨询服务体系。积极同相关协会、组织、机构、院校等各类部门合作，政府合理利用相关资源建立低碳技术、信息服务体系。公开发布有关低碳技术研发和革新、企业管理模式和发展低碳经济各相关政策等方面的信息，开展专业的低碳经济信息咨询服务和技术服务。

6.8.3 低碳技术革新政策

一是促进大小兴安岭林区林产工业低碳经济的技术标准体系进一步制定和完善。大小兴安岭林区森林资源较为丰富，但随着天然林资源保护工程的实施木材产量逐渐减少，特别是二期天然林资源保护工程实施后，木材产量大幅下降，因此，在森林资源开发利用过程中要大力推广应用节能环保技术，提高技术革新效率，改变原有的原始型开采利用模式，进行低碳化改造技术，抓好各个环节的降低能耗、各种资源综合有效利用和清洁生产，对整个开发利用的全过程，特别是林产品加工业进行技术改革实现节能减排，低碳发展。二是制定相关产业的准入标准，加快制定符合大小兴安岭林区林产工业低碳经济发展的技术行业标准体系。对于不符合大小兴安岭林区林产工业低碳经济发展要求的生产技术和落后产能，必须使用强制手段予以淘汰。

6.8.4 技术或设备的更新政策

首先，制定行业技术准入标准，淘汰落后技术，提高技术和设备的更新换代速率。尤其是先进的低碳技术、节能减排技术、设备和工艺的研发和更新使用。其次，技术和设备的更新需要政府、企业投入资金，因此要大力促进低碳经济发展的相关技术研发的资金投入。对促进低碳经济发展的重大项目和技术开发更新推广，政府给予资金政策的支持和投入，并引导社会资金的投入和金融机构的投资。建议大小兴安岭林区政府加大对扩大生态环保财力转移支付资金的总量和规模，按照每年全省地方财政收入的增幅予以增加。

大小兴安岭林区林产工业经济结构低碳化调整的重点是克服传统能源结构、发展阶段和技术水平路径的锁定效应，尽快启动低碳发展的相关基础性工作，实施若干低碳发展的重大行动计划，创新并健全低碳发展相关机制，建立发展低碳经济的长效机制，尤其是相应的教育制度和制度创新保障，努力把传统的高碳产业结构转型为低碳模式，推广低碳生活方式，实现经济过程的循环化，使大小兴安岭林区资源优势和环境优势在未来的发展中发挥更大的影响力。下面以造纸工业的污染治理为例加以阐述。

造纸工业的污染大部分来自制浆过程。制浆废水中含有很多有用物质如烧碱、纤维等，这些物质若直接排到河中，会发生物理、化学、生物的变化而污染环境。这些物质弃之为害，用则为宝。因此，小纸厂向中、大型纸厂发展，也是防治措施之一。例如，制浆过程中的蒸煮工序，撮出纸浆后，排出的黑色残液中能回收热能和碱，治理的装置叫碱回收装置。

此外，对造纸工业企业加大监管力度。由于违法成本低，守法、执法成本高，一些小造纸厂超标排污。而执法检查受地点、技术、设备、资金等制约，难以做到面面俱到。例如，检测污染物排放过程中，需使用价值十几万元的快速检测仪，执法检查中，还需要进行夜间暗访。白天检查时表现比较好的企业，晚上治污设备或是没有运转，或是检查组到了之后才匆忙运转。环保部门对于企业污染防治及监管，可以为其安装"黑匣子"（即污水处理在线监测设备），对企业进行 24 小时全天候监管。对于较为集中的多家造纸企业，可以修建一座污水处理中心，对污水进行统一处理。此外，还可参照国家相关产业政策和卫生等行业标准，对那些无力治污和生产伪劣产品的企业实施取缔等果断措施。这关键取决于当地政府是否能转变经济发展观，并决心抛弃暂时的蝇头小利而求得长期的可持续发展（杨茜，2007）。

6.9 促进大小兴安岭林区林产工业低碳经济发展的具体对策建议

6.9.1 促进林产工业发展的对策

（1）加大资产重组力度，盘活国有资产，整合现有资源，实现体制和机制创新。加快国有企业产权制度改革，突破体制性障碍，大力发展国有资本、集体资本和非公有资本等参股的混合所有制经济。引进战略投资者，吸引外资和民间资本参与国有企业改革，实行开放招商改制。

（2）高起点建设龙头企业。在人造板、家具、木制品、木结构建筑行业建设一批有市场竞争优势、产业关联度大、带动力强的林产工业龙头企业。以龙头企业带动初级产品加工基地建设，将龙头企业项目纳入产业发展资金扶持范畴，加大政策性信贷扶持力度，在所得税、增值税、消费税、出口退税、育林基金等方面享有优惠的税费政策。

（3）加强对林产工业企业的规划和政策指导。一是严格坚持生产许可证制度，淘汰产能落后、原料能源消耗高的企业，将有技术潜力的小型企业改造成龙头企业的配套工厂；二是对原料半径重叠、产品定位趋同的企业进行合并重组，改变企业间争原料、低价格抢市场的无序竞争现状。

（4）发展区域化各具特色的产业集群。以人造板、家具、木制品、木结构建筑、实木地板等产品为重点，形成生产加工基地，发展产业集群，延长产业链，实现多次加工增值。

6.9.2 促进林产工业发展的政策建议

（1）加大木材进口的财税政策支持力度。目前，国务院已出台重点降低初级能源原材料进口关税的指导意见，建议省政府尽快制定促进对俄口岸木材进口的财税政策，多渠道解决因木材产量锐减给企业带来原料不足的问题，对原料外进给予政策支持，对增加的运费给予适当补贴。

（2）建议对精深加工企业在税收方面给予政策扶持，同时加强对退税政策执行情况的监督。建议木材精深加工产品参照国家现行的利用剩余物资源的产品税收政策，享受一定程度的即征即退税收优惠。在大兴安岭地区对利用剩余物资源的企业实行的 80% 退税政策，只有在国税局完成税收任务的前提下才能得以实行，建议相关部门对退税的执行情况进行监督检查。

（3）亟须制定有关利用剩余物方面的政策，保障以剩余物为原料的人造板企业的正常生产。随着大小兴安岭林区木材产量的锐减，作为生产人造板的原料—剩余物也随之减少，致使企业停工待料，客户流失。同时，山上的伐根、遗留木材剩余物、森林抚育剩余物以及河水冲倒的大量树木又比比皆是，因为过去在清捡剩余物的过程中曾出现过偷拉私运的事件，所以各林业局禁止清捡剩余物，导致大量剩余物资源浪费的现象。

（4）建议制定有关加快大小兴安岭林区原料林基地建设方面的政策。在实施大小兴安岭林区生态保护的同时，积极开展原料林基地建设，尽快营造适用于人造板的速生丰产林。伊春林区目前积极争取"十二五"规划中 30 万公顷原料林基地建设，尽快营造 15 万~20 万公顷适用于人造板的速生丰产林。同时应规划设计以种植珍贵树种为重点的战略性原料林基地建设。

结　论

　　本书采用了问卷调查、走访座谈、统计分析等方法，通过林产工业处的协助来开展调查工作，在全面分析大小兴安岭林区林产工业发展现状的基础上，利用统计分析软件 SPSS 进行对应分析，运用 SAS 软件对影响低碳经济发展的各种因素进行关联性分析，确定具有显著性影响的因素。另外，构建林产工业企业低碳经济发展模式的 Logistic 选择模型，从而能够通过几个已知变量来预测低碳经济发展模式的类型，探寻低碳经济类型企业的发展轨迹、特征和发展瓶颈，在此基础上构建林产工业低碳循环经济生态产业链和相应的政策保障体系。本书通过查阅文献和具体实证研究得出如下结论及创新性研究成果：

　　(1)总结黑龙江省大兴安岭林区林产工业发展呈现的特点和存在的问题。大兴安岭林区林产工业具体发展特点包括精深加工产品占有率提高、木结构建筑等主导产品快速发展、浪费资源型产品的比重下降、以剩余物为原料的产品比重上升等；存在的问题主要是企业规模小、品牌少、市场竞争力不强，木结构建筑设计、安装资质和标准的限制以及安装技术力量和队伍的匮乏等因素制约产业发展，企业所有制结构制约企业发展。

　　(2)总结黑龙江省小兴安岭林区林产工业发展呈现的特点和存在的问题。小兴安岭林区林产工业具体发展特点包括企业创新能力和产品竞争能力有了较大提高、木材精深加工比重不断提高、招商引资和产业化效果明显等；存在的问题主要是国有企业管理体制落后、生产结构和产业组织不合理、没有形成以循环经济为特征的产业集群。

　　(3)企业发展价值取向对低碳经济发展的影响因素分析。越不赞同"在不被政府部门处罚的情况下，为了利润而造成环境污染是值得的"观点的受访管理者越倾向于不赞同"有限的资金不值得投入到设备改造和低碳技术创新方面"观点，同时越倾向认为企业成功的最重要标志是投资回报率高、拥有名牌产品、企业规模大、利润高，并且认为企业成功的最关键因素是拥有先进的环保技术和名牌产品、强大的市场营销，越倾向于采取排污措施的受访管理者越认为近五年来所在企业对环境污染并没有不断减小和没有污染。

（4）企业发展状况和组织方式对低碳经济发展的影响因素分析。企业之间的合作程度越高，与规模大于本企业或小于本企业的企业之间的合作程度也越高，即企业之间的合作程度与企业规模大小无关；同时，对供应商或销售商的控制程度越低；横向一体化（对竞争对手的控制）程度越低，与同类企业的产品差异化程度也越低；企业技术投入越低，在人员培训和市场营销方面投入也越少，同时，企业的长远发展能力也越差；在固定资产和产品研发方面投入越高，所在行业进入壁垒也越高，退出壁垒也越高。

（5）大小兴安岭林区林产工业低碳经济发展模式形成分析。低碳经济发展模式主要包括技术带动型、项目带动型、资本推动型、政府推动型、消费引导型、其他企业带动型。本书在分析黑龙江省大小兴安岭林区人造板行业、家具行业、地板行业和木制工艺品组织方式特点的基础上，采用对应分析找出适合黑龙江省大小兴安岭林区林产工业不同发展阶段的低碳经济发展模式。

（6）从技术层面和政策层面构建大小兴安岭林区林产工业低碳经济发展的保障体系。运用产业生态学原理，从循环经济的角度在行业层面和产业层面上对大小兴安岭林区林产工业的生态产业链进行构建。在借鉴国外发达国家低碳经济政策的基础上提出低碳财政政策、低碳金融政策、低碳产业政策、低碳技术政策以及具体的政策建议。

本书的研究成果对于森工总局林产工业处开展林产工业规划工作具有重要的借鉴作用，为制定黑龙江省生态功能区产业发展政策提供科学依据。在目前取得阶段性成果的基础上，下一步的研究计划是深入到林产工业各个行业的龙头企业调研，进一步开展跨区域的生态化产业集群可行性分析工作。

参 考 文 献

［1］钱小瑜．我国林产工业现状及木材工业发展趋势［J］．木材工业，2009，23
（4）：1～2.

［2］苏洪泽，蒋旭东．关于新时期发展林产工业的思考［J］．林业实用技术，2009，
（5）：69～70.

［3］张旭青，等．中国人造板工业生产布局变动分析［J］．世界林业研究，2010，23
（6）．45～46.

［4］Klaus Hubacek, Kuishuang Feng, Bin Chen. Changing Lifestyles Towards a Low Car-
bon Economy：An IPAT Analysis for China［J］. Energies，2012（5）：22～31.

［5］冯之浚，周荣．低碳经济：中国实现绿色发展的根本途径［J］．中国人口．资源
与环境，2010，20（4）：1～7.

［6］袁富华．低碳经济约束下的中国潜在经济增长［J］．经济研究，2010，（8）：
79～88.

［7］田明华，陈建成，等．浅谈低碳经济发展对林业的影响［J］．林业经济，2010，
（2）：76～78.

［8］江泽慧．发展低碳经济 建设低碳林业［J］．世界林业研究，2010，23（3）：
1～6.

［9］张玓，等．我国低碳经济发展模式研究—基于碳基金视角［J］．经济问题，
2011，（5）：65～68.

［10］刘鸿渊，孙丽丽．跨区域低碳经济发展模式研究［J］．经济问题探索，2011，
（3）：169～171.

［11］罗友花．基于比较优势理论的低碳经济发展模式创新研究［J］．改革与战略，
2011，27（4）：34～37.

［12］程会强，韦子超．循环经济与低碳经济园区发展模式综述［J］．经济学动态，
2010（9）：148～149.

［13］王永龙．我国低碳经济发展政策创新分析［J］．经济学家，2010，（11）：
15～20.

［14］张占仓．中国产业集群研究及进展［J］．地域研究与开发，2006，25（5）：

41 ~ 47.

[15]尹琦, 肖正扬. 生态产业链的概念与应用[J]. 环境科学, 2002, 23 (6):
114 ~ 118.

[16]汪毅, 陆雍森. 论生态产业链的柔性[J]. 生态学杂志, 2004, 23(6): 138 ~ 142.

[17]王虹, 张巍, 朱远成. 资源约束条件下构建工业园区生态产业链的分析[J].
科学管理研究, 2006, 24(1): 29 ~ 32.

[18]崔兆杰, 迟兴运, 滕立臻. 应用生态位和关键种理论构建生态产业链网[J].
生态经济: 学术版, 2009(1): 55 ~ 58.

[19]王向丽, 黄荣. 基于园区层次的产业生态链构建研究 – 以溧阳生态工业园为
例[J]. 苏州科技学院学报: 自然科学版, 2008, 25(2): 65 ~ 69.

[20]赵涛, 周志刚, 尹晓红. 水泥工业生态产业链构建的理论研究与实证分析
[J]. 科学管理研究, 2009(10): 51 ~ 53.

[21]李红祥, 葛察忠, 海热提, 等. 基于关键种理论的孝义生态产业链的构建
[J]. 环境科学与技术, 2008, 31(3): 145 ~ 148.

[22]王玉灵, 王志月, 高铁军. 生态产业链的构建研究 – 以曹妃甸工业区海水综
合利用为例[J]. 北京理工大学学报: 社会科学版, 2009, 11(5): 39 ~ 43.

[23]熊鸿斌, 项芳, 刘杨艳, 刘进. 先进制造业生态产业链的构建研究[J]. 环境
污染与防治, 2011, 33(1): 93 ~ 96, 101.

[24]Alphen K. V., etc. Com paring the Development of Carbon Capture and Storage Tech-
nologies in Norway, the Nether lands, Australia, Canada and the United States – An
Innovation System Perspective[J \ ]. Energy Procedia, 2009, 1(1). 169

[25]Alphen K. V., etc. Evaluating the Development of Carbon Capture and Storage Tech-
nologies in the United States[J \ ]. Renewable and Sustainable Energy Reviews,
2010, 14, (3).

[26]Erlend Nybakk, Pablo Crespell, Eric Hansen, Anders Lunnan. Antecedents to For-
est Owner Innovativeness: An Investigation of the Non – timber Forest Products and
Services Sector[J]. Forest Ecology and Management, 2009, (257): 608 ~ 618.

[27]Bill Slee. Re – imaginingForests as Multifunctional and Sustainable Resources for a
Low Carbon Rural Economy: the Potential for Forest – based Rural Development[J].
Developing Rural Policies to Meet the Needs of a Changing World OECD Conference
Quebec, 2009, (10): 1 ~ 16.

[28]Sudipta Dasmohapatra. Future Marketing drivers for the Forest Products industry[J].
Bioresources, 2009, 4(4): 1263 ~ 1266.

[29]Derek W. Thompson, Roy C. Anderson, Eric N. Hansen, Lynn R. Kahle. Green

Segmentation and Environmental Certification: Insights from Forest Products. Business Strategy and the Environment, 2010, (19): 319 ~ 334.

[30] Blyth, etc. Policy Interactions, Risk and Price Formation in Carbon Market [J]. Energy Policy, 2009, 37(12)

[31] Peace J. etc. The Coming Carbon Market and its Impact on the American Economy [J]. Policy and Soc iety, 2009, 27, (4).

[32] Alexander M, Birger S, Maarit K, Marcus L. An Economic Analysis of the Potential Contribution of Forest Biomass to the EU RES Target and Its Implications for the EU Forest Industries [J]. Journal of Forest Economics, 2011, (17): 197 ~213.

[33] Dale Prest, Jamie Simpson. Potential for Small – Scale, Community Based Biomass Energy Projects in Nova Scotia [J]. Forest Biomass Energy ReportII, 2009, (10): 2 ~ 10.

[34] Denilson da Silva, Perez Jerôme Moreau. The Impact of Storage Conditions on the Forest Biomass Quality for Biofuels Production[J]. Bioenergy II, 2009, (3): 1 ~24.

[35] K. E. Skog, J. A. Stanturf. Forest Biomass Sustainability and Availability [J]. ACS Symposium Series, 2011, (7): 3 ~25.

[36] Linda S. Heath, Van Maltby, Reid Miner, etc. Greenhouse Gas and Carbon Profile of the U. S. Forest Products Industry Value Chain[J]. Environmental Science & Technology, 2010, 44(10): 3999 ~4005.

[37] Roger Sathre, Leif Gustavsson. Process – Based Analysis of Added Value in Forest Product Industries[J]. Forest Policy and Economics, 2009, (11): 65 ~75.

[38] Roger Sathre, Leif Gustavsson. Using Wood Products to Mitigate Climate Change: External Costs and Structural Change[J]. Applied Energy, 2009, (86): 251 ~257.

[39] Mikael Rönnqvist. Supply Chain Management in the Swedish Forest Industry [C]. Supply Chain Management for Forest Sector and Its Contribution to Local Economy International Symposium, 2012, (3): 4 ~7.

[40] Sophine D'Amours. Value Chain Optimization in the Forest Sector of Canada[C]. Supply Chain Management for Forest Sector and Its Contribution to Local Economy International Symposium, 2012, (3): 8 ~11.

[41] Woodam Chung. Recent Research Projects in the Western United Stated to Improve the Efficiency of Woody Biomass Supply Chains[C]. Supply Chain Management for Forest Sector and Its Contribution to Local Economy International Symposium, 2012, (3): 12 ~15.

[42] Katsuhiko Takata. Expectation to SCM in Japanese Forest Sector from Local Societal

Viewpoint［C］. Supply Chain Management for Forest Sector and Its Contribution to Local Economy International Symposium，2012，(3)：16～17.

［43］Nobuyoshi Muto. SCM in Forestry Sector from the End－User and Consultant View-point［C］. Supply Chain Management for Forest Sector and Its Contribution to Local Economy International Symposium，2012(3)：18～21.

［44］陈绪和. 世界人造板工业发展态势［J］. 中国人造板，2011，(3)：78～84.

［45］胡杨. 日本关于木材利用对环境保护贡献率的定量评价方法［J］. 中国人造板，2011，18(1)：17～18.

［46］许方荣. 我国木质门产业现状与发展趋势［J］. 林产工业，2011，38(2)：9～12.

［47］付允，马永欢，刘怡君，牛文元. 低碳经济的发展模式研究［J］. 北京：中国人口资源与环境，2008，(3).

［48］王维新. 介绍人造板工业与低碳经济有关的一些基本知识和数据［J］. 中国人造板，2011，18(5)：20～23.

［49］侯军岐. 中国低碳经济发展模式研究［J］. 调研世界，2010，(8)：30～32.

［50］宋德勇，卢忠宝. 我国发展低碳经济的政策工具创新［J］. 武汉：华中科技大学学报(社科版)，2009，(3).

［51］刘卓钦，张瑞，张志辉，郭仁宏. 美国S.1660复合木制品甲醛标准法案的内容、影响及对策. 检验检疫学刊，2011，21(1)：74～76.

［52］冒海燕，朱捷，周定国. 国内外木质复合材料甲醛释放量的相关标准及测试方法［J］. 木工机床，2009，(4)：32～36.

［53］吴德怀，蒋荣堂.《强化复合地板》国家标准与欧洲标准的比较及探讨［J］. 中国标准化，2004，(5)：61～62.

［54］丁栋. 国务院出台新规鼓励进口 要求调整部分商品关税. http：//www. sina. com. cn，2012年04月30日.

［55］冯之浚，郭强，张伟. 循环经济干部读本［M］. 北京：中共党史出版社，2005：1～18.

［56］宋国华，夏林. 循环经济与科学发展［M］. 郑州：河南科学技术出版社，2008：180～189.

［57］吴飞美. 基于循环经济视角的产业集群生态化探析［J］. 东南学术，2008，(6)：151～156.

［58］杨迅周，王玉霞，魏艳，任杰. 产业集群生态产业链构建研究［J］. 地域研究与开发，2010，29(2)：7～9，15.

［59］熊鸿斌，项芳，刘杨艳，刘进. 先进制造业生态产业链的构建研究［J］. 环境

污染与防治，2011，33(1)：92~96，101.

[60] 王小李，郑丽，郭婷婷等. 云南发展低碳经济的探索与研究[J]. 云南发展低碳经济的探索与研究，2009(2)：133~135.

[61] 李尔彬. 林区发展循环经济模式及支撑体系研究. 东北林业大学博士论文[D]，2008，(6)：99~100.

[62] 秦涛，田治威，潘焕学. 构建我国林业金融支持体系的战略思考[J]. 郑州航空工业管理学院学报，2008.26(5)：78~81.

[63] 薛睿. 中国低碳经济发展的政策研究，中共中央党校博士论文[D]，2011：80.

[64] 马云涛. 我国低碳经济发展的碳金融支持研究. 西南石油大学硕士学位论文[D]，2011：31

[65] 郝素琴，胡泊. 浅谈循环经济科技支撑体系的建设[J]. 中国环境管理干部学院学报，2007，(4).

[66] 杨茜. 解开造纸业污染治理的死结[J]. 中国包装报2007，2(3).